岸谷 香の

東京 MY STORY

KAORI KISHITANI

東京新聞

CONTENTS

我が青春のプリプリ

かけがえのない人と街と

子育ての1ページ

＊本書は、東京新聞のウエブメディア「東京新聞ほっとWeb」（2022年4月に「ぐるり東京」に改称）で2021年6月～2023年4月に連載した「岸谷香の東京MY STORY あの頃、この街で」を再構成し、加筆しました。年齢などの数字は基本的に、掲載当時のものです。

我が青春のプリプリ

STORY 1

お母さんはプリンセス プリンセス

2011年3月11日に起きた、東日本大震災。その直後、日本中の全ての方が『何か自分に出来る事はないだろうか』と模索していたあの時。私の頭の中には探すまでもなく、「プリンセス プリンセス再結成」という文字が浮かんでいました。

1人では当たり前の小さな支援しか出来ないけれど、5人集まれば何十倍も、何百倍もの支援が出来る事は明らかでした。しかし、被災地から離れた東京でも、当時7歳と9歳だった子供達の通う小学校では、臨時休校や行事の中止など、様々な想定外の事態が起こりました。電車やバスなどの交通機関を使っての通学への大きな不安もありましたし、基本的な日常生活においても、それまで全く馴染みのなかった「原発」や「放射能」がいったいどんな影響を子供達に及ぼすのか……どうやって幼い子供達を守ればいいのか……不安と恐怖と闘いながら毎日を必死に送るかたわら、『もしもプリンセス プリンセスが再結成した場合、どんな意味のある活動が出来るのだろう……』と、ずっとずっと考えていました。

そんな時、プリンセス プリンセス元メンバーでドラムの富田京子さんから「みんな大丈夫？　無事？」と安否を確認するメールが届き、その瞬間、私は『このストーリーはもう始まっているな』と確信しました。そこから、16年ぶりに集まったメンバー5人は全員で意思を確認しつつ、整理しなければならない膨大な量の問題を整え（半数のメンバーはまずはダイエットから!!!　でした、笑）、1年以上リハーサルを繰り返して一つ一つハードルを跳び越えていくように、遥か先にある「東京ドーム」というゴールに向けて走り出しました。

結果的には、私達のイメージしていた再結成より何倍も何十倍も大きな活動となり、正直、私達自身もびっくりでした。この活動に賛同して下さった日本中のファンの方々の数は13万人。チケット代が義援金となり、5億円にも及ぶ義援金が集まり、「音楽の力」がいかに大きなものかを、改めて思い知った2012年でした。

それまでほぼ「専業」だった45歳の「お母さん」が、いきなり大舞踏会に出るシンデレラ状態になった訳で、日本中で一番びっくりしたのは、実は我が子達だったのではないかと思います。

まずは家族会議。当時の我が家は、お父さんは役者で、時にテレビに出たり、舞台でお芝居をしたり、ダンスをしたり……そんなお仕事をしているけれど、お母さんは普通のお母さん、という認識だったので、「実はお母さんは若い頃にバンドをやっていてね……」という所から話を始めました。日常生活の中で、デパートや遊園地などで時々、ファン世代のお母さんに声をかけられて握手をしたり、たまにその方が涙ぐんだりしたりする事もありましたが、そんな場面に出くわすと、後から子供達に「お母さん、あの人に何したの？泣いてたよ」と聞かれて「いや〜何もしてないよ、大丈夫、大丈夫」てな具合に、お茶を濁していました。

子供達が幼稚園や小学校に入ると、周囲の親御さんの間で「Ｄｉａｍｏｎｄｓ〈ダイアモンド〉」や「Ｍ」や「プリプリ」などのワードがチラホラ飛び交うようになり、子供達はその意味を何となく理解しているようなしてないような……そんな状態でした。

ある時は、「Ｄｉａｍｏｎｄｓ」がＣＭに使われて「６億円だね〜あぁ〜」と替え歌になってテレビから大量に流れた時期があり、その曲はお母さんの曲だと誰かに聞いてきたのでしょう、お風呂で「『６億円だね〜あぁ〜』の続きは何？」と急に聞かれて、「知らないよー（笑）」と答えた事がありました。あれが本物の「Ｄｉａｍｏｎｄｓ」だと思ったんでしょうね。

そんな具合だったので、再結成を決めてからは「あなた達が生まれるずっと前に、お母さんは「プリンセス プリンセス」というバンドをやっていて、歌を歌っていたんだよ。

で、バンドは解散して、お父さんと結婚して、あなた達が生まれて、お母さんはお母さんになったの」という感じで一つずつ、丁寧に説明していきました。

震災が起きた時は、子供達は小さいながらも、「これは大変な事が起きている」と解っていましたし、大きな地震で充分に怖い思いも不安も味わっていたので、2人は私の話をきちんと正しく理解してくれました。娘などは地震の時はまだ小学1年生で、電車通学をやっと1人でこなせるようになったばかりでした。その下校中に電車の中で地震に遭い、電車は停止。当時、子供向けの「キッズ携帯」というスマホがあり、電車通学中に間違えて違う駅で降りていないか、今どの辺りに居るのか、などGPSで居場所を確認できる機能を日頃から利用していたので、地震の揺れが収まるか収まらないかの時点で、私は娘の居場所を探していました。幸い最寄りの駅近くまで帰って来ていたので、すぐに飛び出して迎えに行きました。駅の少し手前で停まった電車の車内を、端からずっと娘の名前を呼びながら走り、一番奥の車両でやっと娘を見つける事が出来ました。この数十分の間に溢れ出た沢山の感情が、私に復興支援活動を決意させたのです。

「あの地震の時、本当に怖かったよね。どうなっちゃうんだろうって思ったよね。でも今、2人ともほぼ元の生活が出来ていて、お友達にもまた会えて、お父さんやお母さんともこうして毎日一緒に居るよね。でも、あの地震を境に、お父さんやお母さんにもう二度と会えなくなっちゃった子もいっぱい居るし、お友達と二度と会えなくなっちゃった子もいっぱい居る。子供に会えなくなったお母さんとお父さんもいっぱい居る。私たち家族はとっても幸せだよね。元に戻れている。でも、もう二度と元に戻れなくなった人達が沢山居る。そんな悲しい思いをしている人達の為に、お母さんは1年間だけ、もう一度プリプリをやろうと思うんだけど……。でもそうすると、2人の習い事の送り迎えも出来なくなるだろうし、忘れ物をしても学校まで届けてあげる事も出来なくなるし、自分の事は自分でちゃんとやってもらわなきゃならなくなっちゃうんだよ。お母さんにとって、一番大切なのはあなた達2人だから、2人の生活がメチャメチャになっちゃうなら、2人が困っちゃうんだったら、お母さんはこの活動をやらないから。だから2人で相談して、それぞれがちゃんと頑張れるか、ちゃんと協力して自分達の事は自分達で出来るか……。よく考えてみて」と話しました。すると、2人は気丈に「ちゃんと自分の事は自分でやるから。大丈夫だから、お母さんは困ってる人達の為に歌ってあげて」と言いました。

もうね、泣けました。これまでの20年近くの子育てを振り返っても、我が子2人が一番立派に見えた瞬間だったかもしれません。まぁ、フタを開けてみると、娘はなかなか頑張っていましたが、息子は予想通り、通っていた塾の成績はガタ落ち、おサボりしまくりで、ダメ子街道まっしぐらではありましたが（笑）。生まれてこのかたずっと独占してきたお母さんを快く公用化してくれた事だけは、本当に偉かったと今でも感謝しています。

２０１２年のお正月、新聞で「プリンセス プリンセス再結成　復興支援のためのライブ開催」が発表されると、色々な事が、いよいよ現実的に動き始めました。その中で、ミュージシャンとしての日々がどんな風であったかは、当時のテレビや雑誌の記事などをご覧になった方もいらっしゃるかと思います。後半では母としての毎日がどのように大変な事になっていたのかを振り返ってみます。


２０１２年4月になると、息子は小学5年生に、娘は3年生に進級。学校では早々に役員決めの保護者会がありました。「プリプリを再結成するので、役員は免除させて下さい」と自分の口からちゃんと説明する為に、何が何でも出席しなければなりませんでした。動機も内容も胸を張って言える活動だったので、逆に、その為に犠牲になる事柄に対して誠意のない対応を取ってしまうと、自分の気持ちに泥を塗るような感じがしていました。

そんな風にガチガチに緊張し、スケジュールを何とか調整して出席した保護者会でしたが、他のお母様方は「私はお仕事もしてないから、岸谷さん、お当番とか代わってあげるから！」と口々に親切な言葉をかけて下さり、本当に有り難い気持ちでいっぱいでした。中でも「岸谷さんがお仕事に集中できるようにお手伝いする事で、自分も復興支援活動に参加しているみたいで嬉しい」というような言葉を聞いて、みんな同じように、何かしたいけれど何をすればいいのか、何が自分に出来るのかを探しているのだろうと実感しました。

お母様達の温かいお気持ちのお陰で、私は役員をパスさせて頂き、年に数回の通学のお当番も交代して頂き、本当に感謝、感謝。そろそろ中学受験に本腰を入れる5年生の息子の周りでは、同じ塾に通っている友達のお母様方が多大なるフォローをして下さいました。朝、仕事の前に息子の着替えと塾バッグを私が友達宅へ届けに行く。学校が終わると息子は友達と一緒に友達宅へ寄り、制服を着替えて軽食を食べさせて頂いて、ランドセルを塾バッグに持ち替えて、時には宿題までやらせてもらって友達と塾へ。仕事が終わった私が、その友達宅に制服とランドセルを取りに伺う……そんな感じのルーティンでした。あ〜懐かしい!!

子供達の幼馴染みの近所のご家族も、家に居る子供達がなるべく1人でお留守番にならないように協力してくれて「ついでだからウチで夕飯まで食べさせちゃうから、焦らずどーぞー」なんて言ってもらって、お風呂まで入れて頂いて幼馴染みの寝巻に着替え、あとはすっかり寝るだけになった状態の子供を私が仕事帰りにピックアップして帰ったり。とにかく「ママ友」の威力は絶大で、今日この子に何をさせておくべきか、何をさせないと明日困るのか……など、同世代の子供を持つ親だからこそ分かる、その時やらなきゃいけない事を、的確にきちんとやらせてくれました。

この恩恵は実はプリプリ再結成の成功のカギであったように思います。私同様、5人中3人のメンバーが小学生以下の子供を抱える母であったので、ママ友の協力なしにはプリプリ再結成は本当にあり得ない大業でした。今振り返っても「感謝」の一言しかありません。改めて、ママ友の功績に感謝‼

そして、子供達自身はどんな風であったかと言うと、新聞やニュースで再結成が発表されると徐々に周囲も騒がしくなり、たまにお母さんがテレビに出ていたり、きっと周りのお友達やお友達のお母様などから、「プリプリ」という言葉を耳にする機会が増えて、やっと「お母さん＝プリプリ」という認識が定着してきたのではないかと思います。


余談ですが、初めてメンバー5人が我が家で再結成の相談をした時の事。最寄りの駅にメンバー4人が集合し、私が4人を迎えに行くのも目立つかなぁ……と、息子と娘に「駅に派手なオバサン達が4人居るからその人達をうちに連れて来て！　髪の毛が金髪だったり、もしかしたら赤い人も居るかもしれないから、すぐ分かるからね！　2人が迎えに行くって伝えてあるから」とお願いしました。見事に、私の言った通り、2人は駅で目を引く強烈な4人のオバサン達を我が家に連れて来てくれたのでした（笑）。

4人はもう「全員で集まろう、全員じゃないと意味がない、だから全員の都合が合う日で！」と言った時点で、既に私が何を言い出そうとしているのか理解していたようでした。バンドというのは不思議なもので、暗黙の了解でそれぞれの役割が決まっています。私はプリプリの中で何でも言い出しっぺの役割で、みんなの胸の中にあった「解散」という単語を言葉にして言い出したのも私だったので、この再結成を言い出すのも、もはや私のミッション……そんな気持ちで切り出しました。もちろん即、全員一致でGO‼　という程、簡単な事ではなく、16年もの時が経ち、全く違う環境の中で生活していた5人が、いきなり現役時代同様の活動をするには、あまりに沢山の問題がありました。でも、なるべく前向きに一つ一つ話し合いました。

その日の最後に、解散後初めて5人で自分達の解散ライブのDVDを観ました。その時の息子と娘の驚きようと言ったら‼　「えーっ‼　コレお母さん⁉」「このすごい服着て歌ってんの、お母さん⁉」「すごい頭〜‼」「すごい眉毛〜‼」。とりあえず、頭の先から足の先まで全てびっくり‼　という感じでした。まぁ自分で言うのもナンですが、かなりインパクトの強いビジュアルで笑っちゃいましたけどね、こりゃ子供達もツッコミたくなるわってね（笑）。

そんな感じで、2012年は、夏にはフェス、秋には仙台サンプラザホールと日本武道館、クリスマスには東京ドーム。そして年末にはテレビの特番、紅白歌合戦にまで出演するという、めくるめく1年になりました。東京ドーム公演が決まった時、都内の大きな駅に巨大な宣伝ポスターが貼られました。運よく（!?）娘の通学する駅にもその巨大ポスターが出現してしまい、友達みんなが「大変!!! 吉祥寺駅にチビ香（娘の名前は公表していないのでスミマセン、仮名です）のママが居る!!」と大興奮でクラスメイトとみんなでポスターを見に行って大騒ぎだったとか（笑）。

また、娘の学校は担任との交換日記が習慣で、娘は毎日のように日記を書いていました。時に、良い日記や体験をつづった子供の日記があると、クラス報に掲載されるという、読書感想文に程近い、公的な日記でしたので、私も躊躇なく、ある日机の上に広げられた日記を見ると、「お母さんは地震で困っている人達の為に歌を歌う事になったので私は自分の事をちゃんと自分でやって……」とこの日々の成り行きが書かれていて、そして最後に「お母さんはただの私のお母さんなのか……それとも本当はスゴい人なのか!?」と書いてあるのを読んだ時には、思わず声を出して笑ってしまいました。まだ8歳の娘。紛れもなく本心が書かれた日記だったと思います。

そして、プリプリ復興支援活動のクライマックス、12月23日、24日の東京ドーム公演。私達プリプリにとっても東京ドームは生まれて初めてのステージでした。どうせ再結成するなら、ただの同窓会ではなく、新しい挑戦をしたい。懐かしいだけではなく、自分達の中で昔よりグレードアップしたものを何か1つでもやり遂げたいという信念がありました。16年ぶりに集まった40代も後半の私達には高い高い壁で、乗り越えるのは容易ではなかった東京ドーム公演でしたが、何とかやりきる事が出来ました。

20代の頃は自分の為にやっていた音楽を、生まれて初めてそれを必要としている誰かの為にやる……。それは想像もつかないくらい清らかなものに感じました。まるで、この日のこのステージに立つ為に私達の現役時代はあったみたいだね、とも5人で話しました。

その東京ドーム公演、もちろん頭の中はもうライブの事でいっぱいでしたが、忘れてはならなかったのが12月24日、最終日はクリスマス・イヴ。小学生の子供達には、まだまだ大切な、胸をトキメかせて指折り数えるビッグイベントです。スケジュールの空いている日に新宿高島屋に行き、以前娘と一緒に買い物に来た時に『これ可愛いな～』と目星を付けておいたサーモンピンクのダウンジャケットと、同じ色のエナメルのバッグをセットで購入!! 必死に隠し通して12月23日の夜。東京ドーム初日の公演が無事終わり、都内のホテルに戻ると、すぐに夫に電話をかけ、明日は抜かりなくサンタ役を務めるよう段取りを説明しました。クリスマスツリーは事前に飾ってあったので、24日の夜中、子供達がすっかり寝たのを確認してから、隠しておいたプレゼントをツリーの下に置いてある大きな靴下の上に置いておいて!! と。

24日は家族もみんなでお母さんのライブを東京ドームに観に来る予定で、帰宅して、子供達と食事、お風呂……。そして夜中にサンタさんのお務め……と、東京ドームのステージに立つ私と同様に、夫にとっても大変な仕事量のクリスマスになった事は間違いなし！家族みんなで頑張りました（笑）。

24日、ライブは大成功に終わり、充実感と疲労感に包まれて、夜中、家族の寝静まった自宅に帰りました。一番にツリーの元へチェックに行くと、夫は抜かりなく完璧にサンタの仕事を遂行しており、ホッとして眠りにつきました。

翌朝、年のせいなのか、はたまた、まだ興奮覚めやらぬ状態だったのか、早朝から目が覚めてしまい、ベッドの中で昨夜のライブをアレコレ思い出して、よくここまで来たな〜我ながら頑張ったな〜なんてちょっぴりおセンチな気分に浸っていると、ゴソゴソと物音がし、娘が起きて部屋から出ようとしていました。私はベッドから飛び出して、コッソリとリビングのドアの隙間から、プレゼントを見つける娘の姿を覗き見していました。

生でドッキリを見ている感覚で、それはそれはドキドキして、どんな風に喜ぶんだろ……どんな顔するかなぁ〜と心臓バクバクでした。娘は小さく「あ……」と言ってツリーに近付いて、赤い大きなくつ下の上の包みを丁寧に開け、中に入っていたダウンジャケッ

再結成したプリンセス プリンセス　2012 年 3 月 20 日　復興イベント「ALL THAT LOVE-give & give-」@ 幕張メッセ

トとバッグを手にすると、「うわ～サンタさんセンス良い～」とつぶやきました。私はもうそのコメントがおかしくて、おかしくて……笑いをこらえるのに必死でした。『サンタさんセンス良いって……そりゃお母さんだからだよ～』と心の中で叫びながら、静かに部屋に戻りました。「笑顔がこぼれる」とはまさにあの時の事を言うんだな。

あのクリスマスは一生忘れないと思います。あの時サンタさんのセンスの良さに感激した娘も今年18歳。もう、あんなに可愛い日記のつぶやきを見る事も一生ないんだろうなあ……と思うと、東京ドームでのライブも、そしてそれにまつわる幾つもの子供達のエピソードも、全てが幸せな、大切な思い出です。あれから10年以上……早いなぁ～。

STORY 2

私が誰だかわかりますか⁉

2013年の冬に東京で大雪が降った日がありました。私は、2012年の大みそかを人生初の紅白歌合戦で過ごし、そこでプリンセス プリンセスの再結成の活動も終了だったので、関係者、スタッフが一堂に会してお疲れ様会があり、年も明けて元日の朝方、疲れきって帰宅しました。一気に現実に戻り、寝不足の目をこすりながらお正月をこなして、毎年恒例で行っている健康診断も全て終わり、プリプリ再結成以前の日常生活がやっと戻ってきた頃の、ある大雪の日の出来事です。

あの日は、闘病中だった私の従兄弟のお見舞いに、午前中から新宿あたりの病院にマイカーを運転して行っていました。丁度、娘（当時小3）をお友達のお誕生日会に送り、私は1人で病院へ行きました。ほんの1時間程病室に居る間に、雪はしんしんと降り続けて、あっという間に病室の窓からの景色も、東京ではないような真っ白な世界になっていきました。「ちょっとこりゃヤバいかもだし、スタッドレスも履いてないから、もう帰るね。またすぐ顔見に来るからね、ごめんね」と早々に病室を後にしたつもりでしたが、地下の駐車場から地上に出るスロープでは、すでに車の列が出来ていました。

守衛のオジサンが親切に、1台1台に「スロープの途中でアクセル放しちゃダメだよ、一気に上りきらないと滑って下っちゃうからね。一気に行くんだよ」と説明してくれて、私の番に。ブーンとアクセルを踏み込みましたが、タイヤが滑ってるようにも感じて、ちょっとひるんで思わずアクセルを弱めてしまうと、すかさず「ダメだよー。もっと踏込んで！　絶対アクセル放しちゃダメー。踏み込んで!!　踏み込んで!!」と叫び声がして、もう必死にアクセルを踏むと、キュルキュルと滑りながらも、なんとかスロープを上りきる事が出来ました。「よーしそのまま行けー！」と、守衛のオジサンが後ろでまた叫びながら手で行けー行けーと合図している……。なんか、メチャ共同作業を成し遂げた気持ちでいっぱいで、そのまま大通りまで出ました。とてもいい守衛さんでした。

大通りに出ると、今度は大渋滞が待っていました。あー混んでるなー……と思いながらも、どうする事も出来ないのでそのままトロトロ進んでいると、今度はあっちこっちでスリップしてる車が……（汗）。多分、信号などで行っちゃえー！ってスピード出した車やブレーキ踏んだ車が雪で滑ってスリップしちゃったんでしょう。もう変なとこ向いて止まっている車続出で……。これは本格的に危ない……と不安になり、一体どうするべきか悩みましたが、その辺に車を乗り捨てるわけにもいかないし……でもこのまま走ったら、いつか必ずスリップするか、スリップした車にぶつけられる事は目に見えている……。うーーーっっ。どうしたらいいんだ……（涙）。と、その時、私の目に大きな「SONY」の文字が飛び込んできました。市ケ谷の駅近くにソニー・ミュージックのビルがあったのです。

何を隠そう、私は10代の終わりからずっとソニーの専属契約アーティスト!! つまり、自分のレーベル社屋が偶然にも目の前に現れた訳で、こりゃラッキーと言わんばかりにスルスルと駐車場に入り、しかし、冷静に考えたら、何の申請もしていないのに、いきなり駐車させてもらえるのか……!? でも、スタッフを探して手続きをしてもらってる場合でもない……困った私はイチかバチか、『さっきの病院の守衛さんぐらい良い人でありますように！』と祈りながら、ソニーの駐車場に居た守衛さんに声をかけました。

「あの～、突然ですが私が誰だかおわかりになりますか!?」と。マスクを外し（コロナ禍ではありませんでしたが、歌手なので喉の乾燥防止と風邪などの感染予防に日常的にマスクを利用していました！）、なるべくきちんと顔を見せて、最大の笑顔で。すっぴんだった事を激しく後悔しましたけどね（笑）。追加情報を「えーっと……紅白にも先日出たんですけど……ここの専属アーティストで……プリンセス プリンセスってご存知で!?」すると、「あー!!! わかる、わかりますよ！ プリプリね！」と守衛さん!! 『ヤッター！』。

「そうです。私、プリプリのボーカルなんです。岸谷香っていう者なんですけどね」。

さて、ここからどうやって駐車のお許しを得るか……。「あの～この急な雪でホントに困ってしまって道路はあちこちで車がスリップしてるし、私の車スタッドレスも履いてないんで、本当に危ないいんですよ。ここで事故とかして、ケガでもしたら、SONYさん的にも面倒くさい事になっちゃうと思うんですよね……なんで、何の申請もしてないんですけれど、今ここに車を駐車させてもらって、私、電車かタクシーに乗ろうと思うんです。その方が安全だと思うので。そう思いませんか⁉」。するると人の良さそうな守衛さんは「いやいやこりゃ危ないからね。電車かタクシーの方が安心ですよ」……『ヤッター‼』「じゃすみません、雪が落ちついたら、すぐ車取りに来ますんで、どこに停めたら良いですか？」「じゃこの辺にどこでも停めて下さい」と！

許可を得て、車を停めて、私の担当のスタッフの名前やら部署を告げて「ありがとうございましたー！」とお礼を言うと、守衛さんは「車は落ち着いてからで、いつでもいいから！気をつけて‼」とニコニコ顔で私を送り出してくれました‼　なんという幸運‼　何と話の解る守衛さん‼　心から感謝し、車を乗り捨てて駅へと向かったのでした。

さて、果たしてその後私はすんなり帰宅できたのか……？

プリプリなう

やっとの思いで車を駐車した私は、とりあえず市ケ谷駅に向かいましたが、タクシー乗り場は長蛇の列で、とてもタクシーに乗れる気がしなかったので、意を決して電車に乗る事にしました。娘が通学に使う路線だったので少し馴染みがあり、家までの乗り換えも分かっていましたし、とりあえず切符を買ってホームに下りました。電車に乗ると、車内は思ってたより混んでなくて、席に座る事が出来ました。『あ〜良かった。これで家に帰れる〜』とホッと胸をなで下ろした瞬間、なんか異様な雰囲気を感じ、顔を上げて周りを見渡すと車両に居合わせた人達が全員こちらを見ている気がしました。乗客の皆さん、きっと先日の紅白歌合戦をご覧になっていたんでしょうね。しかも私、プリプリの紅白出演時の髪型のままで赤毛だったんです……。そしてマイカー移動のつもりだったもんで、帽子もなければサングラス（普段あまり使いませんが）もなし。

多分、なんか赤い髪の派手なオバサンが乗ってきた……ってプリプリじゃん!! ってなったんだろうと想像しました。しかしながら動き出している電車の中で、私は下を向いているしかありませんでした。更に乗客の全員が携帯電話を握りしめていて、私には被害妄想かもしれませんが「中央線、市ケ谷駅、プリプリなう」とみんなが打っているような気がして、もう穴があったら入りたい、隙間があったら隠れたい気持ちでいっぱいでした。まぁ別に何を言われる訳でもされる訳でもないんですけどね……不思議な感覚です。

そんな空気に耐えて2、3駅過ぎたあたりで、JRの別の線に乗り換えました。やっと解放されたような気分で、今度はなるべく目立たぬよう車両の隅っこに立って、『よしよし今回は、プリプリなうも書かれてなさそうだ……』とホッとしていた所に、今度は雪の影響で電車が1つ先の駅で止まってしまい、全く運転再開の気配がありませんでした。そして、雪で気温も下がってきていたのでしょう。マイカーのつもりで厚着をしていない上にダウンコートなどの上着もなしで、だんだん寒さに耐えられなくなってきました。

ここで風邪でもひいて熱でも出したらこりゃまた面倒だ……と、仕方なく電車を降り、タクシー乗り場に行くと、再び長蛇の列……。ここに今並んだら、逆に高熱出す事間違いなしと思った私は、駅中に引き返して、スープストックトーキョーを発見し、暖を取るのに最適な場所!! と店内に入り、スープを注文しました。すると運悪く、店員さんにも居合わせたお客さんにもどうやら気付かれてしまい、私はなんとなくコソコソと少し寒い窓際のカウンター席に座り、温かいスープを一口飲むと、なんだか悲しみが込み上げてきて、めちゃめちゃ孤独な気持ちになりました。

今思うと、ただ寒くて、タクシーに乗れなくて、たまたま赤毛で気付かれただけなんですが、多分思いがけず降ってきた大雪のせいで駐車するにも大いに頭（悪知恵⁉）を使い、次から次へと襲ってくるアクシデント（今となっちゃ全部楽しい笑い話ですけどネ）に少々疲れたんだと思います。スープストックで突っ伏したまま30分ぐらい過ごし、ハッと現実に返り、このままスープストックに居る訳にもいかない、なんとかして家に帰らねば‼　と携帯電話で夫に電話をし、たまたまその日は休みだったのか、仕事が早く終わったのか、ラッキーにも家にいた夫に、これまたラッキーにもスタッドレスタイヤに交換済みだった夫の車で、スープストックのある駅まで迎えに来てもらいました。あの時はマジで夫が救世主に思えましたよ。そして、タクシーの長蛇の列を横目に夫の車を見つけると思わず小走りになってしまったのでしょう、思いっきり滑って転んでしまいました（笑）。ですが、そんな恥ずかしさも痛みも感じないくらい『これでやっと家に帰れる』という安堵感で満たされていた私でした。

今では、東京でも年に1度ぐらいは、突然の雪の日があるようになりました。その度に2013年のあの大雪の日の事を思い出します。そして、あれ以来、車のタイヤも必ず1台は冬になるとスタッドレスに履き換える習慣が付きました。またあんな大雪の日が来るのかなぁ……。皆様もどうぞご注意下さいね。

STORY 3

文明の力《りき》

コロナが始まってから、色々なそれまでの当たり前が覆され、時代が変わった感じすらしますね。特にSNSに関しては、アラフィフの私は、アラハタ（20歳前後）の子供達に「何でそんな事も出来ないの!?」「何やってんのー!?」と呆れられる事しばしば、すっかり上下関係逆転の図になっております……トホホ。ただでさえスマホやパソコンを上手く操作できないというのに、今では「Ｚｏｏｍ会議」なるものが、半ば当たり前で、本当に苦手です。マスクしてなるべく離れて座るから集合して打ち合わせしようよーといつも不服な私です……それというのも、せっかちな性格のせいか、他人がきっちり話し終わるまで待てないタイプで、Ｚｏｏｍだと話がかぶってかぶって、ものすごく間が悪く、良い所で必ず話が途切れたり、遠慮のあまり、譲り合ってこれまた無意味な沈黙があったり……。そーいうのホントに苦手で、出てくるアイデアも引っこんじゃう気がします。

子供達なんか上手にやってますョ、感心する程。ハタチを超える我が家の長男は、バイトで家庭教師をやっているのですが、Ｚｏｏｍで授業、画面をＯＦＦにしてやっていると言うのです。どうやら画面ＯＦＦの方が身なりを気にせず、なんならパンツ一丁でも良い訳ですし、背景にどうしてもご家庭の様子が映ってしまうのを全く気にせず、例えばぐっちゃぐちゃの自分の部屋で、エッチなポスターが映り込んでしまう心配もない訳で……（あくまで、「例え」です、笑）。まぁなるほどっちゃなるほどですが……。でも最近、そんなＺｏｏｍ慣れっこの息子にある問題点を発見したのです。それはＬＩＮＥ電話などで会話していると、こっちが必死にあれこれ話している事に対して相づちを打たないんですョ。普段Ｚｏｏｍで不必要に相づちを打ったり「えー!?」とか「マジ!?」とか大ゲサに反応しないクセがついているんでしょうね。

だからこっちとしては「ねぇ、聞いてる!?」って言うと「聞いてるよォ～」と悪びれず答えます。重要な内容になればなる程、「聞いてる!?」「聞いてるよ～」が何回も入り、先日などは「ね、相づち打ってよ、電話なんだから」なんて言っちゃいました。私との会話もこの様に気になりますが、息子がイヤホンを着けて友達と電話してる時も、相づちを打たないので、会話なのか、音楽かラジオか何かを聞いているのか……なんだか状況が掴めずに、会話中に話しかけてしまい、「無神経な母親」呼ばわりされる訳で……（悲）。Ｚｏｏｍ慣れも問題あるなーと秘かに感じている今日この頃です。もっとも、Ｚｏｏｍに今だに慣れない方がもっと問題だとも感じていますが（笑）。

さて、前置きが長くなりましたが、せっかくZoom会議の話題が出たので、まだ文明の利器が発達する前の、思い出に残っている打ち合わせの話を書こうと思います。

それは19歳の頃。プリンセス プリンセスの活動もまだまだ忙しいとは言えないある日、私は曲を書きました。その曲はメンバーやスタッフにも好評で、レコーディングをする事に。まずはレーベル（所属レコード会社）のディレクターとアレンジをして頂くプロデューサーと、港区六本木にあった「アガサ」（確か漢字三文字の名前だったのですが、その漢字がどーやっても思い出せません）という喫茶店に集まっての打ち合わせ。午後4時にお店集合でした。

私は出来上がったばかりのデモテープ（アナログのカセットテープ。少し値段が高いクロムテープという録音用のカセットテープ!!）を握りしめ、最寄りの駅まで歩いて電車に乗って六本木へ向かう予定でした。余談ですが、今は場所を指示されれば、グーグルマップなどで調べて、言われた通りに行けば大抵の場所に辿り着く事が出来ますが、そんな物がない時代、どうやってみんな迷わず行ってたんでしょうね⁉ いや迷ってたのかな……⁉ 打ち合わせなどの時には、よく地図がFAXで送られて来たりしていました。なので、地図も一緒に握りしめ駅に着くと、なんとサイフを忘れた事に気が付きました。しかし、今から家まで取りに帰っては大幅に遅れてしまうし、それこそ携帯電話など誰一人持っていない時代（その1、2年後に初めてガッチャンと受話器を取る、斜めがけカバンのような携帯電話が登場しました！）なので、遅刻の連絡すら出来ない……。でも私が曲を持って行かない事にはなんの打ち合わせも始まらない……。困った私は、近くの交番に駆け込みました。困った時は、とりあえずお巡りさん‼

「すみません！　六本木に行かなきゃならないいんですが、おサイフを忘れてしまって、取りに帰ってたら間に合わないので、お金貸してください‼」と無邪気にお願いしました。

交番には気の良さそうなお巡りさんが1人いらして、

「君、いくつ⁉」

「19です」

「未成年がこれから六本木に何しに行くんだね？」

「えっと……私バンドやってて、曲の打ち合わせに行かなきゃならないんです」

「歌うたってるの？」

「ハイ！」

「そーかー。じゃお巡りさんがポケットマネーで貸してあげよう」

「ありがとうございます！　明日必ず返しに来ます！」……と、とても親切なお巡りさんで、最後に「有名になってテレビとか出たら、お巡りさんに電車代借りたなーって思い出してね（笑）」と言いました。

「はい！　ありがとうございます‼」。ペコリと頭を下げて、お巡りさんがポッケのおサイフから出してくださった電車代、当時160円だったかなぁ……。200円いかないぐらいのお金を握りしめて私は大急ぎで六本木に向かい、無事「アガサ」という喫茶店で打ち合わせを行い、レコーディングをする事が出来ました。

その曲のタイトルは「世界でいちばん熱い夏」。1987年にリリースされたのですが（アナログシングルでした‼）、その時にはあまり世の中には流れませんでした。1989年に「Diamonds〈ダイアモンド〉」がリリースされた直後に西武球場での夏のライブが決まると、ファンの方々に人気だった「世界でいちばん熱い夏」を最新のCDシングルで再リリースする事になり、今度は多くの方の耳に触れる事になりました。

このお巡りさんがポケットマネーで打ち合わせへ行く電車代を貸して下さったエピソードは、1987年の最初のリリースの時の事です。翌日、約束通りお金を返しに交番へ行きましたが、そのお巡りさんはいらっしゃいませんでした。事情を話してお金を置いて帰りましたが、きちんとお礼は伝えられないままです。でもお巡りさん、きっとどこかで「世界でいちばん熱い夏」を耳にして、きっとテレビでゴキゲンで歌っている私の姿を目にしたはずです。『あの時お金借りたのが私だって、ちゃんと分かったかなぁ｜。約束通り、有名になってテレビに出て、ちゃんとお巡りさんの事思い出してるよー』と時々交番の前を通ると思い出し、心がホッコリします。

リモートワーク

もう一つ、これまた文明の利器が発達していなかった頃のエピソードを書いてみようと思います。

「リモートワーク」……昔はなかった単語ですよね。コロナですっかり定着した言葉ですが、私のように必ずしも会社に出勤しない職業でも、リモートワークがあるんですよ。それは、ラジオの収録やコメント録《ど》りです。コロナ以前は、ラジオ番組の収録は勿論、ほんの数分のラジオコメントも、局に行って録音するのが普通でしたが、コロナで局に出入りできなくなり、コメントだけでなく、ラジオ番組もまるっと自宅で、しかもスマホで録音したりしていました。すごい時代ですよね。だって今となっては1人1台必ずと言っていい程持っているスマホで、ラジオ番組全部が録音できちゃうんですから!!

緊急事態宣言の時は、パソコンに台本と、その日に紹介する曲の音源が送られて来て(ここまでは、スタジオ収録の場合も予習の為に毎回送られて来るので同じです)、ストップウオッチをアマゾンで購入して、部屋のドアを閉め、「番組収録中、入るべからず」とか貼り紙をしたりして（子供が「母さーんハラ減った〜」とか入って来られちゃたまりませんからね）、「最初のパート、行きまーす……皆さんこんにちは岸谷香です！……」とか、家の中で番組収録を1人でやったものです。そして、録音された全パートを、ラジオのスタッフに送り（ボイスメモ機能ってめっちゃ優秀で、カンタンに、今録ったものを送信できるんです!!）、私の役目はそこまで。あとはスタッフがはみ出した時間分を編集してくれたり、曲を差し込んでくれたり、色々整えて、いつものラジオ番組に仕上がる訳です。ちょっと感動しちゃいました!!

さて、そんな私はそもそもアナログな人間で、今どき、素人の方でもスマホの機能を使って、スマホの中でリズムを打ち込んだり音を重ねてデジタルでデモテープを作ったりするというのに、今でもピアノを弾いてギターを弾いて歌を歌ってデモテープを作ります。

こんな風に30年前と同じ事をやってる私ですが、曲が思い付いた時の対応だけは、随分変わりました。30年前は、電車の中や、学校や仕事の帰り道に、なんとなくフッと流れるように曲が出てくると、とにかく忘れないように、ひたすら頭の中でずっと歌い続けて家まで帰り、忘れないうちにすぐさまカセットレコーダーなどで録音しました。プリプリの最初の頃の曲は、そうやって出来上がっていました。

少しすると、駅の公衆電話ボックスから、家の留守番電話に録音するようになりました。でもこれは案外気が引けるんですョ。昼間の空いてる時間帯ならともかく、夜の帰るコールの時間帯に曲を思い付いちゃったりすると、長蛇の列にまず並び、やっと自分の番が来た時に、いくらBOXの中とはいえ、鼻歌を歌う訳ですから、時には酔っぱらいのオジサンに「早くしろよー」と言わんばかりにドアを蹴られたり、ヒヤヒヤもんで録音していました。そして帰宅して、自宅の留守電を聞き直して、改めてデモテープを作って。そしてプリプリもテレビなどに出だして、なかなか公衆電話の列にも並びにくくなると、今度は譜面を書いてメモしておくようになりました。小さい頃から耳に頼って音楽をやってきていたので、正直譜面は苦手で、というかほとんど読めなかったのですが、やはり音楽家なので、知らないより知ってる方が便利だし、まぁ半ば必要に迫られ覚えました。それがいきなり役に立ったのが、思い付いた曲のメモ！　でした。

それ以降、私のカバンには、どこに行くにも五線紙が。曲のアイデアは場所を選ばず出て来ますから、とにかくいつも五線紙。これも結構A4サイズのファイルに入れて持ち歩くとなるとかさばります。そして遂に辿り着いたのが、先程ラジオ番組収録でも大活躍したスマホのボイスメモ機能です!!　いつでもどこでも今は必ずスマホは持ってますからね。ササッと録音して、友人ミュージシャンと共作する時なんか、そのままサッと送れますし、本当に本当に便利な世の中になったもんだと痛感します。酔っぱらいにビクビクしながら公衆電話から自宅の留守番電話に録音していた頃の私に、今の私のスマホを渡してあげたいですョ（笑）。

あ、でも、昔の方が良い事もありました。大雪の思い出のところでも登場しましたが、昨今よく「〇〇なう」とかあるじゃないですか。著名人を目撃した時に、すぐ友達に知らせたり、コッソリ写真撮ったり、スマホがあれば色々出来ますよね。昔は街で見つかっても、そう多くの人がカメラは持っていませんでしたからね。きっと今の著名人はすごく気を使って外出しなきゃならないでしょうね。デートなんて時には、そりゃもう大変でしょうね、お気の毒です（笑）。

そう言えば私の20代、デートにまつわる、こんな事がありました。当時、「Ｄｉａｍｏｎｄｓ〈ダイアモンド〉」「Ｍ」などが多くの人に聞かれ、街を歩いていても声を掛けられていた時代……とはいえ、フツーの20代半ばの女の子ですから、彼氏の１人ぐらいは居ました。仕事が終わると、友達が集まって飲んでいる店にすっ飛んで行っていましたし、彼氏と待ち合わせて食事をしたりもしていました。「あ！　奥居香さんですか⁉」と言われたら、「そうでーす」と答えてそれで終わり。面倒くさい事になりそうな時は、走って逃げてました、ホントに（笑）。それが、ちょっと変わった事態になった事がありました。

彼氏と2人で、甲州街道沿いの下高井戸辺りの赤ちょうちんで飲んでいた時の事です。屋台なのでコの字型にイスが並んで、まぁお客さんの顔が全員見渡せますよね。なんでそんな不利な環境に行ったのか（笑）、よっぽどおでんが食べたかったんですね、きっと。座っておでんを食べながら飲んでいると、全員気が付いちゃったなーって雰囲気でしたが、もう仕方ないので、かまわず彼氏と飲んでいました。でもやっぱり黙っていられなかったお客さんの1人が「奥居香さんですよね、屋台とかで飲むんだ〜」「そーです本物です……え、べつに屋台で飲みますよ」と言うと、彼の奥に居たお客さんが、「で、君、彼氏？」と聞いてきました。すると、彼は気を使って「イヤ、友達です」と答えました。何故か私にはそれがすごーく嫌で、『なんで今たまたま屋台で会った人にこっちがウソつかなきゃならないわけ⁉　別に悪い事してる訳でもあるまいし（怒）』と無性に腹が立ち「なんでそんなウソ言うのよ（怒）いいじゃん本当の事言えば。彼氏です‼」と半ばプンプンしながら言いました。なんとなく「シーン」となったので、それもマズイと思い、私は「みんなに1杯ずつおごるので、友達とかに奥居香が下高井戸の屋台で彼氏と飲んでた‼　って言わないでね」と言い、6〜8人程の店に居たお客さん全員に1杯ずつおごったのでした。きっとその甲斐なく、翌日には全員友達に話しまくりだったに違いありませんが（笑）。

でもこんなエピソードもスマホを持っている今の時代なら、話しかけられる前に「奥居香、彼氏と屋台なう」に違いありません。ストーリー展開は間違いなく違っていましたよね、少なくとも全員に1杯おごる事にはならなかったでしょう（笑）。でも、これも〝文明の利器〟が発達していない時代ならではの笑えるエピソードですよね。ある意味、ロマンがあったようにも感じます。楽しかったなぁ（笑）。

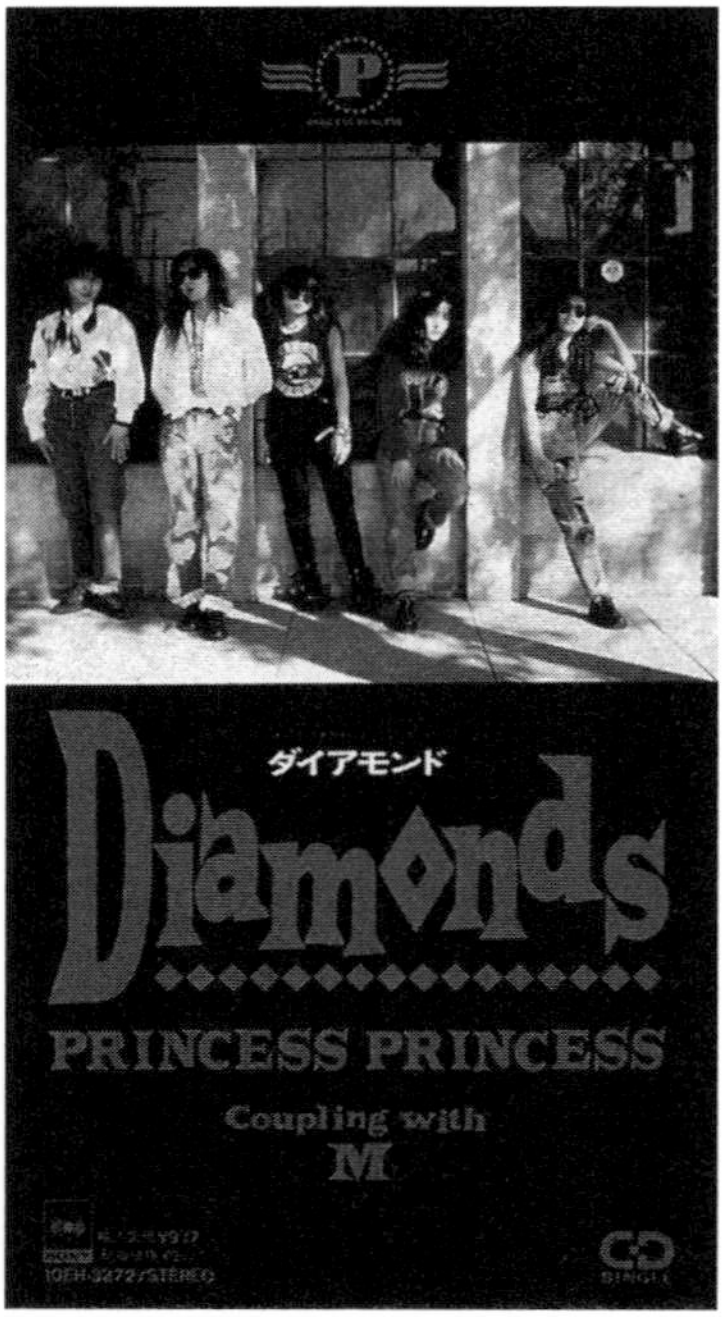

CD シングル「Diamonds〈ダイアモンド〉」
1989 年 4 月 21 日リリース

STORY 4

台風と素敵なトイレの記憶

ここ数年は、秋の台風が必ずと言っていい程襲来しますよね。私が幼い頃は、台風は夏……というイメージでしたが、これも地球の気候変動なんでしょうか。将来の不安もさることながら、今年の国内外の被害も最小限にとどまりますようにと願うばかりです。

昨年は我が家のベランダの、2つ並んだ大きなトネリコの鉢の1つが、強風でゴロンと倒れてしまいました。窓が割れなかったのが奇跡で、鉢はヒビが入って一部割れてしまい、新しいものに買い替えないとなぁ（業者さんを呼ばないと植え替えできない大きさだったので）と考えている最中、またもや次の台風に襲われ、無事残っていたもう片方の鉢までゴロンと倒れてしまい……。結局2つまとめて、今度はゴロンといかないように、立方体の鉢植えに替えました。ゴロンといってしまったあの鉢、大きなマグカップみたいで、とっても気に入っていたので残念でした（涙）。小さな家庭のベランダにも、近年の台風は影響を及ぼしているという事ですね。

実はつい先日も台風にやられて大慌てでした。ただ今、弾き語りでまわるツアーの真っ最中なので、毎週末、地方へ出かけていってはコンサートをやっているのですが、丁度、岐阜羽島でのコンサートの前日の事です。

スタッフ数人と新幹線で岐阜に向かっている途中、台風の大雨で、浜松辺りで新幹線は停止、その後雨が落ち着くまで電車の中で待つこと2時間……。結局、岐阜羽島に辿り着いたのは、街も静まり返った夜中でした……。本番は翌日だったので、何事もなく行うことはできたのですが、無事着いたものの食事にも行けず、おとなしくホテルで早寝するしか選択肢はなく、図らずも規則正しいライブ前夜となったのでした。

でも、翌日早朝の新幹線で現場に入る予定のスタッフは、ナント早朝の新横浜駅で、新幹線の遅延の為、6時間待ちぼうけ。やっと乗れたと思ったら、ギュウギュウ詰めの満員で、立ったままで数時間。オマケにリハーサルに間に合わず、ぶっつけ本番……というスリリングな事態に(汗)。でも、地域によっては、ほんの少しズレてるだけで雨雲の影響は大きく異なり、土砂降りに見舞われて中断、中止になった野外イベントなども少なくなかったようで、開催できただけ、有り難いと思わなくちゃいけない状況でした。

コロナで2年間、コンサートやイベントの中止や延期を余儀なくされてきましたが、やっと元に戻ってきたかと張り切っていたところに台風……もう踏んだり蹴ったりとはこの事ですね。音楽業界ヒーヒーです。

自然の猛威に襲われた事は、これまでも何度かあります。……が、幸いなことに、記憶の中ではいつもセーフで、飛行機が飛ばないかもしれない……スタッフ30人ぐらいとみんなで羽田でドキドキでしたが遅延の末出発できたり、急きょ陸地移動に切り替えて、お陰で乗った事のないローカル列車で荒れ狂う日本海を眺めながら、東北に向かった事もありました。その男らしい日本海、今でも覚えています‼　あのローカル列車もう一度乗ってみたいなぁ。……と、ギリギリで事なきを得てきた私ですが、ある時は大雪に見舞われ、本当に大ピンチでした。もう35年程前の事だったと思います。

その頃、私達プリンセス プリンセスはまだ街中を歩いていても、すれ違う人達に気付かれる事もなく、まだバンドやってる普通の女の子達といったところでした。しかしながら、ライブ活動は規模は小さいながらも精力的に行っていましたし、レコード（まだCDは世の中にありませんでした）を作っては、キャンペーン活動で全国をプロモーションして回ったり、バンドがちょっとでも沢山の人の目に触れるように、日々一生懸命頑張っていました。

そんなある冬の日、私とマネージャーと2人（バンドは人数が多いので、新作のキャンペーンにはほとんどの場合、私1人が代表で出かけていました）で関西だったか、中国地方だったか……どこか西の方にプロモーションに行きました。現地で取材やラジオ出演などして、東京へ戻る新幹線の中で、突如大雪に見舞われたのです。夜の新幹線、米原《まいばら》辺りで、停車。そうするとね、当時は（今ももしかしたらそうなのかも!?）車内の暖房もストップしちゃうんです。なので、停車時間が長引くにつれて、車内の温度もどんどん下がり、外は大雪ですからね、上着を着て、当時はまだグリーン車に乗れるキャリアではありませんでしたからね、普通の指定席、毛布などもなかったんじゃないかな……。とにかく寒くて寒くてブルブル震えていました。

私の記憶が盛られていなかったら、電気も薄暗く落とされて……本当に寒くて悲しい、「フランダースの犬」級の悲惨な車内でした。

いったいどのぐらい耐えたのだろう……。ハッキリとは覚えていませんが、多分健康に問題が出ないギリギリのところで、新幹線はノロノロ運転で再び動き始めたと思います。やっとの思いで東京駅に着くとそこは、見慣れない真っ白な景色でした。タクシー乗り場に長らく並び、なんとか乗る事が出来ましたが、その運転手さんはもう遠くへは行きたくないと言うんです。急な雪でチェーンやスタッドレスの用意がなかったんでしょうか、とにかくなるべく近くで……と言われ、私達はホテルに1泊しようと考え、東京駅から程近い日比谷の帝国ホテルまでお願いしました。そこぐらいならいいよ、と運転手さんも車を走らせてくれ、私達は「なんとかこれで落ち着ける!!」とホッと胸をなでおろしました。

……しかし、帝国ホテルのフロントに着くと、まさかの満室……。きっと急な大雪で帰宅できなくなった方、山程いたんでしょうね。みんな考える事は一緒です……。大きな荷物を抱えて、しかも外は真っ白。もうどこにもどうやっても移動できない状況で、ホテルの人も気の毒に思ったでしょうが、空き部屋がない事にはどうにも出来ません。

途方に暮れた私達2人は、とりあえずトイレに行く事にしました。すると、ナント、帝国ホテルぐらい立派なホテルだと、トイレも立派で、鏡前にお化粧を直したりするスペースがあり、ちょっとフカッとした椅子まで備え付けてあって……！　私とマネージャーは同時に同じ事を思い付きました。『ここもアリか⁉』。静かに座っているぶんには見つからないだろう……というか、見つかりませんように……と祈りつつ、もう4、5時間もすれば始発も走り、タクシーもチェーンやスタッドレスの準備をして動き出すだろう……。そう考えたのです。

私は若さもあり（まだ20歳前後）、寒ささえ凌げれば、鏡前の椅子だろうがトイレの椅子だろうが、平気でグーグー寝る事が出来ました。マネージャーはどうやら色々気になって、ほとんど寝られなかった様子でしたが、とにかく私達は無事に朝、何事もなかった顔で、さもチェックアウトを済ませた宿泊客のように、タクシー乗り場に行き、ポーターさんが手を上げて呼んでくれたタクシーに乗り込み、なんとか帰宅したのでした。

思い返せば、55年の人生の中で、ホテルのトイレで夜を明かした事は、後にも先にもこの1回きりですね（笑）。もしかしたら、清掃員さんが鏡の前の椅子で寝コケる私を見付けていたかもしれないけれど、雪の事情を考慮して、見逃してくれたのかもしれませんね。

ともあれ、今後台風の被害が大きくなりませんように。

STORY 5

衣装が届かない！

それは太陽のジリジリ照り付ける、とても暑い夏の日でした。

春先からスタートしたコンサートツアーの一環で、東京・日比谷公園大音楽堂（通称「野音」）で、プリンセス プリンセスのライブがありました。１９９０年の８月の事です。

その前は確か、どこかの地方でライブをやっていて、楽器やステージセットは、終演後、大型トラック何台にも分けて積み込まれ、夜中じゅう、高速道路を走って（通称「夜走り」）、早朝、野音に到着。そして私達メンバーは、当日、お昼頃、野音入り。順調にリハーサルが始まろうとしていました。その日は久しぶりの東京公演という事もあり、長いツアーも終盤に差しかかる所で、心機一転、気分を変えてまたココからラストスパート‼と、新しい衣装を用意していました。ところが、リハーサルに間に合うはずの新しい衣装がまだ会場に届いていませんでした。

私達は、まぁ最悪、今までの衣装着ればいいじゃん……ぐらいの気持ちで、着る服がない訳ではなかったので、それ程大事《おおごと》だとは思っていませんでしたが、スタッフはヤキモキが止まらない様子でした。当時は今みたいに携帯電話で簡単に連絡が取れませんから、今、衣装がどこにあるのか、どうして届いていないのか……などなど細かい情報もきっとなく、スタッフは焦っていた事と思います。ソワソワする楽屋の空気をよそに、私達メンバーはステージへリハーサルに向かったのでした。

大きな問題もなく、リハーサルは順調に終わりました。順調じゃないのは衣装だけです……。でもどうしようもないので私達はメイクを始めました。どちらかと言うと、メイクが間に合わない方が問題ですからね（笑）。

ヘアスプレーをガンガン振って逆毛を立てて、メイクさん2人がかりで5人のメイクに奮闘する中、「衣装届きましたー‼」と楽屋に大きな声が響きました。

早速、1人ずつの衣装を並べて順番に着ていきます。メンバースタッフ一同声を上げて喜びました。「良かったー！」「間に合ったー！」。私達メンバーも、当然新しい衣装は嬉しいし、テンションも上がります。

当時私達プリンセス プリンセスは、各自が自分の着たい服を着るというポリシーで、時に共通のコンセプトを持って、5人の衣装を同じテーマで作る事もありましたが、ほとんどの場合、その時着たい物を、それぞれがスタイリストと相談して作ってもらっていた為、5人そろった全体像は、スタイリストだけが知っている……という具合でしたから、メンバー全員、他の４人の衣装は、出来上がってきて初めて知る事になるのです。なので初めて衣装を着た時はいつも盛り上がりました。

各自、楽器演奏に支障はないか、キツかったり緩かったりする所はないか（ツアー前に採寸していると、ツアー中に太ったり痩せたりして、時々サイズが合わなくなる事も……）、入念にチェックし、上着は何曲目で脱ぐか……など大急ぎで予定を立てました。

PRINCESS PRINCESS PANIC TOUR'90 〜パレードしようよ !! 〜全県ツアーを発表

当時の私は髪が長く、いつも衣装の共布《ともぬの》で髪飾りやリボンをスタイリストが作ってくれていたので、メイクさんが大急ぎでその髪飾りを頭に付けたり……。

更に、有難い事に、普段ならライブの曲順が決定する前に衣装の打ち合わせがあるのですが、今回は長いツアーの途中、基本的な曲順が決定していての新しい衣装だったので、衣装さんが、曲順を考慮して私に小さなアイテム〝手袋〟を用意してくれていました。1曲目から3曲目まで、その時のセットリスト（曲順）にはギターを弾く曲がなかったので、これはチャンス！　と思ったのでしょう、短めの手首までの可愛い手袋を、衣装と同じ生地で作ってくれたのです！　赤、白、紺のトリコロールで、手首あたりにフリルのヒラヒラがついていて、薄手で伸縮性のある可愛らしい手袋！

バタバターッと準備が整い、あっという間にステージの始まる時間になりました。手袋という、人生初のかわいいアイテムに、私もご機嫌でスタンバイ。メンバーにも「手袋、可愛いネ」とか言われて、「楽器あると手袋できないもんネー」なんて言いながらステージ袖へ‼　SE（ステージが始まる寸前の、オープニングにつながる音楽や効果音）が鳴り響く中、ファンの皆さんの歓声に包まれながらステージへ‼　1曲目は「OH YEAH！」

この年は、47都道府県を全て回る「全県ツアー」を初めて行った年で、そのツアーのオープニングの為に書いた曲が「OH YEAH!」でした。

「会いに来たわ　〇〇県民会館～!」

「会いに来たわ　〇〇市民ホール～!」

と、毎回一部歌詞を変えて、各地のコンサート会場の名前を入れて叫んでいました。当然ファンの皆さんは「ようこそー!」「我街へ来てくれてありがとー!」って感じで、どの会場もどの土地も、最高に盛り上がりました。

その日は勿論、「会いに来たわ　日比谷野音～!!」「ウォーッ!!!」

まだ明るい日比谷の街の高層ビルと緑の景色は、たちまち大歓声に飲み込まれました。2曲目、3曲目、大合唱と大ジャンプにまみれ、客席を指差す私の手には可愛い手袋!! 大満足で歌っていました。そして4曲目。

少し暮れてきた景色と緩やかな風を感じながら、ミディアムテンポのバラード「友達のまま」。切ない恋の歌です。

さて、この後いったいどのような展開になったのか……?

真夏の夜の悪夢

新しい衣装に人生初の手袋でゴキゲンで野音のステージに立つ私。さて、4曲目はミディアムテンポの切ない恋のバラード「友達のまま」です。イントロ、ドラムだけで8小節。その間に、楽器担当のスタッフが、ステージ袖からアコースティックギターを私の肩にかけに来ました。この曲で私はアコギを弾く予定でした。しかし、衣装着用してのリハーサルをやっていなかったので、私は手袋を外すタイミングや段取りを全く考えていませんでした。

『あっ!! 手袋してちゃ弾けない……』。しかし、ドラムが8小節叩いたら、全員で入らなくてはいけません。『あっ…あっ、どーしよう……』。数秒後に手袋を脱いでアコギを演奏しなくてはならない……。そんな時、あなたならどうしますか⁉ そうですよネ! 人間の本能として、手袋の指先を歯でくわえて手袋から手を引っこ抜こうとしますよネ。そう、私も気付くと歯で手袋の指先をくわえていました。

悲劇の理由は2つ。1つは、手袋のあの可愛いく薄手の伸縮性のある生地は、汗で見事にぺったりと手に張り付いていた事。そしてもう1つは、私は小さい頃からとても健康で大した病気もした事がありませんが、歯だけが弱点で、中学生の時、バンドの練習の為に、大慌てでお弁当を食べている際に誤って箸を噛んでしまい、前歯が欠けてしまい、泣く泣く差し歯に。そこから虫歯のせいで1本が2本、2本が3本、3本が4本……と、遂には6本、6連にも及ぶ、長い差し歯になっていて、しかも万年中途半端に治療をしていたので、年中仮歯でした。

さぁ、ここからはスローモーションです。私はとっさに前歯で、それが仮歯だという事を思い出す間もなく、その前歯で、さっきまで私をゴキゲンにしてくれていたその可愛い手袋の中指、薬指の指先をくわえると、火事場のバカ力で（きっと想像もつかない馬力で）、くわえた手袋から手を引っこ抜こうとしました。すると、「ぴよ〜ん」とキレイな放物線を描いて、私の6連の差し歯が宙を舞いました。そして私のギターアンプの前に静かに着地したのです。

『あぁっっっ私の前歯っっっ』。ピッタリ張り付いた手袋はキレイに手に残ったまま。そして、音楽は容赦なく先へ進んでいきます。無言で左手で右手の手袋を、右手で左手の手袋を外すと、数小節みんなより遅れて、私はアコギ（アコースティックギター）を弾き始めました。そしてこの歯を誰か拾って!!　と言わんばかりに、私は袖にいるスタッフに、差し歯の土台だけ残った味噌っ歯君、もしくは歯抜けのお婆ちゃん状態のその悲惨な顔で「にっっ」と笑顔を向けました。

それを目撃してしまったドラマー（富田京子さん）は「悪夢を見たかと思った……」と後に言っていました（笑）。極限の状態になると、人間ミョーに落ち着くもんなんですネ。不気味なくらい冷静沈着でした。

私はマイクを前歯代わりに上唇に押し当てて、何食わぬ顔で「友達のまま」を歌い始めました。サ・シ・ス・セ・ソが上手く発音できず、シャ、シィ、シュ、シェ、ショ……みたいになっちゃって、普段、人は器用に歯や舌を使って発音してるんだなーなんてまたもや冷静に考えながら歌い続けること約3分半。この3分半の間に一大事に気付いたスタッフはきちんと私の歯を拾い、きれいに洗って、鏡とアロンアルファを用意して、曲が終わる頃にはステージ袖でスタンバイしていました。出来るスタッフ（笑）!! 私はウソを言う理由もないので、「みんなゴメン。歯がとれちゃったんで、付けてくるからちょっと待っててネ〜」と正直に言って、ステージ袖に引っ込み、アロンアルファでなんとか見た目、問題ない感じに整えて、「みんなお待たせ〜！」と、何事もなかったかのようにステージに戻ったのでした。その後、ライブが最高に盛り上がったのは言うまでもありません。

そして、次の日のスポーツ新聞の1面には「奥居香　歯っ飛びライブ!!」とオモシロおかしく書かれていて、こっちはスローモーションになっちゃうぐらいの大ピンチだったのに笑い話にされてハラが立つ反面、上手い事書くものだなーと感心したもんです。

今でも色々な困難に見舞われると『あの時の野音に比べりゃ大した事ない！』といつも

思い出します。現実が生でスローモーションになっちゃうような大ピンチってなかなかないですよね(笑)。しっかし、もうあんなピンチは、二度と味わいたくないですネ。夏と言えば野外ライブ、野外ライブと言えば、日比谷の野音……という訳で、暑~い夏が連れてくる私の苦~い思い出でした。

ちなみに、2023年は、東京の宝の1つでもある日比谷野音創立100周年の記念の年です。大変光栄な事に、その100周年の記念イベントの実行委員に選出されました。多種多様なジャンルから集められた実行委員の皆様方と、様々なアーティストの名場面を生み、そして数多くのアーティストを育て、また歴史を変える数々の出来事の舞台となったこの日比谷野音を、この先100年を目標に次の世代に繋げていけるように……。そんな思いで、全力で取り組んでいます。

STORY 6

「年末年始が苦手」の訳

実は私は、極端に年末年始が苦手です。テレビも見る気がしない、友人達も皆それぞれに家族サービスで忙しい、子供達も今となっては家に居なかったり、居たとしてももう友達と過ごす方が楽しいに決まってる……。なので私は去年などは、知り合いのご住職に頂いた写経にハマって、不謹慎ではありますが、塗り絵に夢中になる感覚で、何時間も写経をしては、少しずつ上手になっていく字を見てなんかちょっと嬉しい気持ちになったり……。我ながら本当に年末年始の過ごし方を知らないなぁ〜と笑っちゃいました。

では、何故そんなに年末年始を持て余してしまうのか……。考えてみたら、明確な答えがありました!! 私は20代のほとんどのお正月を日本武道館で過ごしていたからです!!「D·iamonds〈ダイアモンド〉」が発売になった頃から、どういう理由でお正月になったのかは思い出せませんが、毎年恒例でプリンセス プリンセスの武道館コンサートがありました。ある年は1月2日から、ある年は1月3日からで、3daysの時もあれば、多い時は5days、6days。解散する29歳のお正月までずっと続いていました。

まずは12月の初め頃からリハーサルがスタートします。毎日スタジオに行き、セットリストを決めたり、ステージセットや衣装の打ち合わせをしたり、やらなきゃならない沢山の事とバンドのリハーサルを同時進行。あっという間にクリスマスがやって来て、いつも24日は早めにリハーサルを切り上げて、ボーイフレンドや友人達と約束があるメンバーは楽しいクリスマス会へ！　残念ながら予定のない人達は「ひとりぼっちの会」と題して、チキンではなく牛（クリスマスって焼き肉屋さん、空いているんですヨ！）を食べに行くというちょっと寂しい恒例行事もありました（笑）。私も何度か焼き肉に参加しましたヨ（笑）。

そんなクリスマスが過ぎると、いよいよリハーサルも大詰め。ゲネプロと言って、本番同様のセットを組み（都内の倉庫などで行われる事が多かった）、衣装を着て、音響や照明も合わせて1曲目から最後の曲までを通すリハーサルが年末30日まで、毎年行われていました。この時点でもうヘトヘトになっているので、31日はだいたい夕方まで寝コケて睡眠学習。頭の中でステージのシミュレーションをしたり、イメージトレーニング。楽器の確認などしながら静かに大みそかを過ごしていました。

そして、新年明けて1月1日、元日はと言うと、ゆっくり昼まで寝て体の疲れを取り、そして翌日、または翌々日から始まるコンサートの為に頭の整理。我が家には当時、四畳半ぐらいの小さな仏間があり、そこが家中でいちばん静かな空間で、私はお線香の香りも大好きで心が落ち着くので、よくその仏間に1人で座っていました。2時間ぐらいかけて、間もなく始まるコンサートのオープニングから最後までの流れを追うようにして、歌っている自分や喜んで盛り上がっているファンの人達をイメージしながら頭の中で1人ライブをしていました。そして夜はゆっくりお風呂に入って。ある年はお風呂の前に体重計に乗ると、なんと人生最大の体重（お産寸前の妊婦時代を上回る体重！　大汗!!）で、たまげた私は親友に電話をして「明日この体重じゃ武道館のステージに立てない～～～（涙）」と泣きつき「朝になったら少し減ってるから大丈夫だよ！」と宥めてもらった事もありました（笑）。

そんな感じで、年始に行われる日本武道館でのお正月公演の準備で大忙し、そして年が明ければ今度は本番で大忙しだった20代を過ごしていた私が今、やる事のないお正月を持て余してしまうのは仕方ないかなぁ～なんて思うのです。プリプリ解散により、１９９６年のお正月を最後に、その恒例行事はなくなりました。

解散後すぐに結婚した私は、今度は生まれて初めての〝夫の実家で過ごす年末年始〟がスタートしました。そんな年末年始にも慣れてきた頃に、今度は子供が生まれたので、一転して子供達と過ごす年末年始に。幼少期の子供達と近所の幼馴染みが集まって、我が家のベランダで小さな杵《きね》と臼《うす》でお餅つきをして、みんなで鏡餅を手作りしたり、年始には混み合う神社やお寺にお参りに行っておみくじに一喜一憂したり、毎年、ある意味イベント満載の大忙しの年末年始を過ごしていました。

12月24日にクリスマスパーティーが終わると、大急ぎでクリスマスツリーを片付け、その代わりに杵と臼を出してきて、使えるようにお掃除して、鏡餅をセットする台（三方）を出して、赤と白の折り紙を使って飾りを子供達と一緒に作り、てっぺんのミカンも良い大きさの物をキープ！　そして、お花屋さんから門松が届き、お年玉袋を用意して……。今思うと嵐のような1週間でした。

お餅つきの日は幼馴染みのママ友達と、もち米を準備して蒸しあげるのですが、ある年は失敗して柔らかすぎたり、時に少し固くて芯が残ったり。母達も学習してだんだん上手に蒸せるようになりました。子供達も、最初は1人で杵を持てなかった子が上手にリズム良くお餅つきが出来るようになったり、ついてるお餅を返す（合いの手を入れる）お母さんも、最初は子供達の杵で手を叩かれないようにヒヤヒヤしながらの作業でしたが、それもだんだん上手になって、最後の方は心地よいリズムでお餅つきを楽しめるようになりました。ああ、楽しい時代だったなぁ……と今更ながら思います。子供の行事って、今思えば実は親も一緒に楽しんでいたんですよね。あんこ、海苔、醤油、きな粉、大根おろしなど用意して、みんなでつきたてのお餅を食べた思い出は、実は子供達の記憶よりも親達の記憶に深く刻まれているような気もします。

ちょっと話がそれますが、皆様、子供達のお年玉って、親が管理していましたか⁉ 今になってママ友たちとお年玉の話をすると、子供達が小学校に上がるぐらいまでは親が管理していたり、スゴイ人では今でも全て貯金していたり……どうやらダイレクトに子供に渡していた親は珍しいようで。私は幼稚園の頃から、お年玉袋は預かったにしても、使いみちは子供達の自由にしていました。

息子はというと、夏のお祭りで景品を取るまでゲームをやりたがったり、クレーンゲームも諦めが付かないタイプで、そんな時にいつもお年玉を惜しげもなく使っていました。その時は本人は鼻の穴を膨らませて、時に一緒に居る友達の羨望のまなざしを浴びながら、ドヤ顔でゲームを続けていましたが、夏も終わり、お祭りの景品ももうどっかにいってしまった頃、例えば、映画を観に行ったりすると、パンフレットだけでは気が済まず（感想文を書くという約束で私がパンフレットだけは毎回買ってあげていました）、映画のキャラクターグッズが欲しくてたまらない訳です。そこでお祭りやクレーンゲームでは我慢していた下の娘が、お年玉でグッズを買ったり、映画館によくあるグラムで計り売りしているグミやチョコレートの量り売りお菓子を好きに選んでいるのを見て、息子は本当に悲しそうにしていました（笑）。そんな息子に「お母さん、お祭りやクレーンゲームで使ったら、映画館で欲しいグッズがあってももうお金ないから買えなくなっちゃうよ、いいの⁉　って言ったよねー。その時、いい！　って言ったよねー」と、私はグッズやグミぐらい買ってあげたい気持ちを頑張って抑えて「計画的に使う」事を教えようと必死でした。まぁ、その甲斐もなく息子は今でも持ってれば持ってるだけ使う子で、娘は慎重に使う子に育ち……いや、そういう性格だったようです（笑）。

そんな子供達が大人になり、お年玉は自分で管理、お餅つきもしてくれない。コロナの影響で家に帰って来る事すらできない年もあったので、ポインセチアはひとまわり縮小し、ツリーは出さず、私自身もクリスマスは仕事で東京に居ない……。なんとも変わり果てた年末年始となりました。コンサートも子供達とのイベントもない年末年始、そろそろ楽しい事を見つけないと、もったいないですよね。色々初チャレンジを見つけてみようと思っています‼

最近見つけた楽しみは……ふるさと納税かな（笑）

かけがえのない人と街と

STORY 7

自由が丘

私は母が里帰り出産後、程なくして東京に戻ってきて以来50数年間、一度も東京を離れた事のない生粋の東京っ子です。プリンセス プリンセスの活動中も都内の自宅でずっと家族と住んでいました。その頃の仕事の思い出から、子供達の育児にまつわる思い出、そして再び仕事に復帰してからの比較的まだ新しい思い出……東京には、今の私が私である故のストーリーが沢山詰まっています。

一番多感な時期を過ごした街は、「自由が丘」です。

私は、小学校の終わりから中学校3年間と、高校1年生まで、ほぼ毎日自由が丘駅を経由して、通学する日々を送りました。自由が丘の至る所で寄り道をし、そして夢を語り……。本当に、自由が丘なくしては私の青春はない!! と言っても過言ではないくらい大切な思い出の街です。

ハンバーガー1個で友達と延々居座った、坂の途中にあったマクドナルド、おかわり自由の魅力にひかれてまだ味も分からないコーヒーを注文し、ドーナツ1個を大事にチビチビ食べながら何時間もお喋りした、今はなきダンキンドーナツ。ある時突然、自由が丘駅のロータリー前に出現したファーストキッチンは、なんと！　オープンキャンペーンでベーコンエッグバーガーのタダ券が配られていました。当たり前に金欠の学生だった私達は、ルンルン♪でそのタダ券を握りしめ、オープン当日の店に並び、初めて食べたベーコンエッグバーガーの美味しさに涙が出る程感動し、キャンペーン期間が終了すると、ちょっぴり高いベーコンエッグバーガーにはなかなか手が出せず、ミネストローネスープ1杯で、またまた長らく居座ったファーストキッチン。今こうして、ファーストフードで過ごした学生時代を振り返りながら書いているだけで胸がキュンとします。

名前は忘れてしまったけれど、駅の裏側にあった喫茶店……あ、「ｔｅｍｐｔａｔｉｏｎ」っていったかな……？　高校1年生の頃、当時のＢＦ（ボーイフレンド）とよく行ったお店で、不思議な事に、メニューに「カップヌードル」がありました。不思議だなぁ不思議だなぁ、なんでお店でわざわざカップヌードルを出すのだろう……しかもカップそのままでお皿に乗せて。でもなんだか雰囲気のあった喫茶店。

駅から少し歩いた所に、当時の仲間達がいつも集まっていたカフェＢＡＲ「ラズベリーヒル」も思い出の場所の1つ。みんなにオーディション合格の報告をしたなぁ。

いっとき日本画にハマって、美術部と軽音楽部をかけ持ちしていた私は、ベースのソフトケースを抱えながら、大好きな画材屋さんで、1人で墨や顔彩を何時間も眺めていた事も。奥まったビルの何階かにマニアックな文房具屋さんとかもあったりして、夕方1人でフラフラとそんなお店を見て回る事も好きでした。そんな学生時代に通い詰めた自由が丘も、16歳で、オーディションに合格した事をキッカケに音楽の世界へ飛び込んでからは、なかなかご縁がなくなり、遊ぶどころか通りかかる事もほとんどなくなってしまいました。

ところが、あれから30年程経った頃、今度は息子のお陰で、またまた自由が丘に通う日々が始まったのです! 小学4年生の終わり頃だったかな。中学受験の為に息子は塾に通い始めました。駅からすぐの学園通り沿いにあるSAPIX(サピックス)。私が学生の頃によく通ったケンタッキーフライドチキンがあったピーコックの並びにあるSAPIX。まさかまた《青春の街》自由が丘に週3回も4回も送り迎えで通う日が来るとは!!

塾がある曜日には、学校まで迎えに行って、車内で着替えさせ、ランドセルと塾のバッグを交換して、よく角のスターバックスで息子にパンやドーナツを食べさせて、塾に送り出しました。何故沢山ある塾の中でSAPIXを選んだのかと言うと、ほとんどの塾では、夕飯時をまたいで勉強する為、夜ご飯のお弁当を持たせる所が多く、息子の小学校は給食ではなく毎日お弁当だったので、さすがに1日2食もお弁当は可哀想だと思い、学校から近かった自由が丘のSAPIXに決めたのでした。でも正直に言うと、また自由が丘に通える事が嬉しい……という理由もほんのちょっぴりありました。塾通いでまたご縁が出来、昔通った店の多くは無くなってしまっていたけれど、新たに出来たオシャレな店を見付けたり、この30年余りで様変わりした自由が丘を再び知る事が出来ました。

ランチ好きのママ友に連れて行ってもらったスペアリブの美味しいお店、その同じビルに入っていた、子供達のベッドカバーやシーツを買ったＭａｒｉｍｅｋｋｏ……。子供の友達家族と大人数でも快く受け入れてくれた美味しい焼き肉屋さん。最近では駅から少し外れた所にある美味しいパン屋さんがお気に入りで、自由が丘に住む友人が遊びに来る際にはいつもお土産でリクエストします。その塾通いをしていた息子ももう20歳。中学受験が終わり、その後はあの頃のように週に何度も自由が丘に行く事はなくなりましたが、今でもたまに通りかかります。学生時代の甘酸っぱい青春の思い出と、毎日がバタバタで思い返す暇もなかった子育ても、振り返ってみればそれはそれは青春に負けないくらいの胸キュンな思い出がいっぱいで、それらを同時に味わえるなんてまさに〝1粒で2度美味しい〟そんな街になりました。

……最後にタネ明かしをいくつか。

高校1年生の時、通いまくっていたダンキンドーナツでいつも流れていたＢＧＭがボーイズ・タウン・ギャングの「君の瞳に恋してる」でした。私はこの曲が大好きで大好きで、あまりに好きで、こんなに胸がキュンとするメロディーを私も歌いたい‼　と思って作った曲が「世界でいちばん熱い夏」です。そして、２００６年にリリースしたアルバム「RING TO THE HEAVENS」の中に入っている「ラズベリーヒル」という曲は前述したバンドのオーディションの合格報告を友人達にした店の名前で、歌の中では恋人達が集う場所として設定していますが、大切な仲間が集う場所として一番に頭に浮かんだのが「ラズベリーヒル」で、そのチャーミングな響きに改めてグッときて、歌詞の中に登場しただけでなく、曲のタイトルにまでなってしまいました。そして最後は２０１９年にリリースしたアルバム「Unlock the girls 2」に入っている「ウェディングベル ブルース」という曲。歌詞に、「おかわり自由のコーヒー　ケーキ１つでずっと 未来を語り合った　大切なあなたを～」という一節がありますが、まさにそれはあの日のダンキンドーナツの２階で大切な友人達と将来を語り合った、あの愛おしい時間を書いたもの。このようにあの学生時代の思い出が音楽家としての私にも多大なる影響を与えている事は間違いありません。改めて「自由が丘」という街は、学生の私と、夢中で子育てをしていた母親の私、そして音楽家の私を１本の糸で繋いでくれる大切な街です。自由が丘に「ありがとう」。

STORY 8

人生を変えた習い事

私は小さい頃、沢山の習い事をさせてもらいました。

水泳、テニス、絵画、英語、計算クラブ……タイツが大の苦手だった私はレッスンでタイツを履かされるのが嫌で嫌で、お願いだから習わせないでくれと親に頼み込んだバレエ……なんてのもありました。そんな中で唯一、長続きしたのがピアノです。

3歳の頃　世田谷区自宅そば

私が生まれた時から、母がお嫁入り道具として持ってきたというアップライトピアノが家にありました。1歳になるかならないかのまだ赤ちゃんの私が、子供イスに座ってバンバンピアノを叩きまくる姿を白黒の写真で見た記憶があります。バイエルは母に教わったそうです。あまり覚えてませんが。小学生になると、当時住んでいた世田谷区若林にある、父の勤めていた会社の社宅内に、ピアノの先生がいらっしゃると分かり、その先生に教えて頂く事になりました。

お名前は富田先生、冨田先生……漢字がどうしても思い出せず、間違ってしまうと失礼なのでカタカナでトミタ先生と表記させて頂きます。東京藝大の声楽科卒で、ご自宅のピアノで何人もの生徒さんを教えてらっしゃいました。声楽科の先生だけに、時々マジで発声なさると飛び上がるぐらいの、窓ガラスがビリビリいっちゃうようなとんでもない大声で、子供ながらにたまげた記憶があります（笑）。人間的にも豊かで優しく、「音楽は楽しむもの」という、私に根づいている概念はトミタ先生によって植え付けられたものと確信しています。ですからこの先生と出会っていなかったら、音楽と私の関係性は違っていたのではないかと思います。大切な恩師の１人です。

そのトミタ先生、レッスン初回にまず言われた事は「香ちゃんは将来はピアニストになりたいの？」でした。私は迷いなく「いいえ」と答えました。するとトミタ先生はニッコリして「じゃ、好きな事、得意な事ばかり練習しましょう！」と言いました。

それがいったいどういう事を意味しているのか、当時の私にはさっぱり分かりませんでしたが、得意な事だけやっていい、なんて子供が喜ぶばかりではなく、大人にとっても心ときめく有難い環境ですよね。プロを目指すんじゃないなら、苦手分野をコツコツと努力して克服しなくていいよ〜って事で、裏を返せば、プロになるなら苦手分野こそ時間をかけて克服せよ、って事ですよね……あー耳が痛い（笑）。

とにかく、この時点でトミタ先生の、私への教育方針は固まったものと思われます。先生の第1目標は「ピアノが嫌にならない事」だったに違いありません。ピアノはよく「1日練習をサボると3日分下手になる」と言われます。コレに多くの生徒は苦しめられます（笑）。そんな事言ったらあっという間に実力がマイナスになっちゃいますからね。でもトミタ先生はそんな脅しのような事は言わず、なるべく私が練習を嫌だと思わないように工夫されていらっしゃいました。まず毎回練習曲を私に選ばせて下さいました。基本のハノン（指のトレーニング）は、私は嫌いじゃなかったので（今でも練習しようかなーって日には30〜40分間ハノンを弾きます）、その他、ソナチネは曲がどの曲も好きだったので、「次はどの曲やろうか〜」なんて毎回ニコニコで一緒に練習曲を選んでいました。譜面が得意じゃなかった私に、先生は怒る訳でもなく、「じゃ弾いてあげるから聞いててネ」と次に練習する候補曲を目の前で弾いて下さいました。それを聞いて、「あ!! その曲好き!! 次はその曲弾きたい!!」と言って、次の練習曲を決めていたので、それはそれは楽しいはずです。だって、スタートが「それ弾きたい！」「弾けるようになりたい！」なので言われなくても練習しますよネ。もし読者の方でピアノの先生がいらしたら、是非、参考になさって下さいネ。弾きたい曲なら子供は練習して来るんですよ（笑）。で、次から次へと私は好みの曲を練習していきました。定番の練習課題「ブルグミューラー」は難しい上に曲があまり好みではなかったのですが、一応30番まではやっておこうネと言われてやりました。好きではないブルグミューラーも、途中で投げ出さなかったのはホント奇跡!!　いや、もしかしたら覚えていないだけで、本当は投げ出したのかも⁉（笑）

するとある時、私は情緒溢れる美しいバラードよりも、どうやら速弾きの方が好きだという事が判明。するとトミタ先生は、どの曲も指定されたテンポよりずっと速く弾く事を許して下さって、私はもう得意になって鼻高々でとにかく速く、誰よりも速く、ちょっとつまずこうが、間違えようが、とにかく速く弾きまくりました（笑）。

そんなある日、先生の大学時代のお仲間が集まり、発表会が行われる事になりました。日比谷にある帝国ホテルの何トカの間で、トミタ先生はじめ、お仲間の先生方の生徒さんが一堂に会し、順番に発表曲を弾いていきます。小学校2年生の時の事です。私が先生と相談して選んだのは、得意の速弾きを最大限に生かせる曲、ショパンの「小犬のワルツ」!!　すると各先生の生徒さんに1人ずつ、同じ曲を選んでいる方が居たんです。そこでトミタ先生が私におっしゃったアドバイス。「香ちゃん、誰よりも速く弾きなさい!!」「ハイッ!!」。私は燃えましたヨ。敵は私よりずっと大きい中学生や高校生。そんな中で一番美しく、でもなく一番優しくでもなく「一番速く」弾きなさいなんてアドバイス‼ 正に、窯に石炭を投げ入れられたよーなもんです、香SLはモーレツな勢いで走りました（笑）。

ベージュの、首もとに大きなリボンのついたシルクのブラウスに、白と黒のヒラヒラした柔らかい生布のロングスカートに、白いサンダル。学校のお友達を2、3人招待して軽食の並ぶ円卓に座り、1人1人名前を呼ばれては前に出ていって、ステージにあるグランドピアノで発表曲を弾いていきました。今思えば、ちょっと変わったスタイルの発表会でした。

私の記憶によると……多分私はちょっと間違えました（笑）。ミスタッチなども沢山あった自信があります（笑）。しかし、幼い頃から備わっていた才能なのか、そんな事は気にも留めずとにかく全速力で弾き遂げ、トヨタ先生からは「一番速かったわよ」とお褒めの言葉を頂き、大満足で終わった発表会でした。

それからというもの、すっかりショパンに魅せられた私は、「ワルツ・イ短調」、「華麗なる大円舞曲」、「幻想即興曲」、「英雄ポロネーズ」など、次から次へとピースを買ってきてはショパンの名曲を全速力で弾きまくったのでした。

さて。実は、発表会が終わって間もなく、我が家に引っ越しの話が浮上しました。社宅を出て、一軒家に住もうという計画だったようです。あれよあれよとその計画は現実となり、私達一家は、若林から環七を少し奥に入った、都立大学駅の近くに住居を構える事になりました。

しかしラッキーな事に、都立大から若林まではバス1本で通う事が可能で、私は引っ越した後も、バスを使って若林のトミタ先生の所に通い続けていました。しかしその数年後、なんと、今度はトミタ先生ご一家が、どこだったか……町田だったか……どこか通えないぐらいの遠くへ引っ越してしまったのです。これればかりはもう仕方ありません、どうにも出来ませんでした。

5、6年に渡り、私にピアノの楽しさを教えてくださったトミタ先生。実はと言うと数回、「先生の本業は歌なんだから、香オンチなんだし歌も習ってらっしゃい〜」と母に言われ（オンチだったかどーかは覚えてませんが笑）、発声を教わった事がありました。……とは言っても声の出し方を教わるのではなく音階のトレーニングで、先生がピアノで弾く和音をなぞって声を出すレッスンでした。何の音で構成されているかを当てるゲームみたいなレッスンでした。この数回のレッスンで今の私の相対音感は培われたものと信じて疑いません。

ただただ楽しく私を音楽へと引きずり込んで下さったトミタ先生、先生は私を夢中にさせる天才でした。もし今この連載を読んで下さっていたら嬉しいなぁ。

さて、トミタ先生とお別れした頃には、私はクラスに数人居る「何かあると伴奏する子」に位置付けられていました。音楽会や学芸会、合唱大会など、ピアノの伴奏が必要となると名前が挙がる子です。なので、クラス中の友達が、奥居さん＝ピアノという印象で、そうなると、私の小学校は６年間クラス替えがなかったので、親御さん達も皆さん、40人そこそこのクラスメイトの名前も顔も全員把握している状況で、奥居さんと言えばピアノ、というイメージを、当然持っていらしたと思います。

そんな訳で、トミタ先生が居なくなってしまった私に、すぐに次の先生が紹介されました。クラスメイトのお母様にピアノの先生がいらっしゃったのです。紹介して頂いた新しい先生は、どうやら現役のピアニストで、ご自身の演奏会の合間を縫って生徒さんを教えてらっしゃるとか……。ちょっとドキドキでしたが、現役のピアニスト……なんかカッコイイ響き!!　と、私は初レッスンに向かいました。

トミタ先生のお宅はリビングにピアノがあり、時々前の生徒さんと時間がつながっちゃったりすると「ごめんネ、５分待って！」と言って先生はピアノの隣のダイニングテーブルで、お茶漬けを大急ぎで食べていたり、アットホームなレッスンルームでしたが、新しい先生は違いました。玄関を入ると厳粛なレッスンルームに通され、なんと！　前の生徒さんのレッスンの終わり頃に到着するような時間割になっていて、入り口近くのイスに座り、前の生徒さんのレッスンを見ながら順番を待つのです!!

他の人のレッスンなんて見た事ないし、見ちゃ悪いよーな……複雑な気持ちで座っていると、な、な、なんと!!　今度はその生徒さんが先生に注意されて、シクシク泣きだしたのです。「音楽は楽しいもの」と植えつけられていた私の概念はガラガラと音をたてて崩れ落ちました。もうね、見ている私が泣いてしまいそうでした……その生徒さんは泣きながら「ありがとうございました」と頭を下げ帰っていきました。さて……次は私の番……。先生は相当な、子供の私も息を呑むぐらいの美人さんでしたが、それが余計に恐怖感に油を注ぎました。恐怖でいっぱいで、その日のレッスンの記憶など1ミリもありません（笑）。地獄のレッスン時間が終わると、私は自転車をカッ飛ばして逃げるように家に帰りました。

それからの1週間、私は次のレッスンが憂鬱で憂鬱で……練習が手に付きませんでした。1日サボると3日下手になる法則からすると、私は21日分下手になった訳ですネ。しかし次のレッスン日はお構いなしにやって来ました。さて、どーしたもんか。あの前回の生徒さんみたいにシクシク泣くのも柄じゃないし……悩んだあげく、私はウソをつきました。

「先生、今回は先に進むより、今までの所をじっくり練習してきました！」。１小節たりとも先を弾いていなくて、他にウソのつきようもなかったので（笑）。そして全力で丁寧に、そして強弱をくどいぐらい付け、苦手な情緒たっぷりの顔をして、前回と同じ所までしか弾けない課題曲を弾いてみせました。すると先生は「よく練習してきたわね」と言いました。やったー！　逃げきった!!　なんだチョロいもんだ!!!　私は勝ち誇った気持ちで、その日は家に帰りました。強弱付けるってそんな変わるんだー。顔や雰囲気って割と大事なんだなーと身を持って学んだ瞬間（笑）。しかし、そう毎回都合良く子供の言い逃れが通るはずも無いのが世の中です。すぐにおサボリがバレて、先生は毎回ご立腹でした。

ある日は、レッスン前に都立大学駅の駅前にあったケンタッキーでポテトを食べてから行きました。学校から帰ってきてすぐのレッスンだったので、そりゃ、お腹ペコペコです。「よろしくお願いします」と頭を下げてピアノに手をのせた瞬間、ペシッと手を叩かれ「こんな汚い手でピアノに触わってはいけません（怒）」その場で追い返されました。きっと、ポテトの油と塩にまみれた手を、ろくすっぽ洗いもせずに行ったのでしょう、怒られて当然です。仕方ないのでまたケンタッキーに戻り、時間をつぶして帰宅。（↑全く反省していない、笑）

また別の日は、冬の寒い夕方、自転車でレッスンに向かうもんで手がかじかんで、めっちゃ冷たいんですネ、なのでセーターをギリギリ指が出るあたりまで伸ばして弾いていると、またペシッ。「そんなだらしない格好でピアノを弾いてはいけません（怒）」。またもや追い返されました。今思えば、とんでもなく場違いな生徒でした、私。なので、先生のとられた態度は当然です。

音大目指して受験しようという将来有望なピアニスト達がこぞって集まるピアノレッスンだったんですよ、多分。そこに「音楽は楽しいもんだ、得意な事だけ練習しよう」なんて思考の、趣味でピアノを弾いている私ごときが間違って入門してしまった訳ですからね、そりゃ、何もかも噛み合わなくて当然です。すぐに私はレッスンに行かなくなり、そして程なくして先生から母にレッスンに来ていないと連絡が入り、母は激怒したのでした。

小さい頃から何ひとつ続かなかった習い事の中で、唯一続いていたピアノ。しかも特に何の取り柄もない私の、唯一の他人が認める特技、ピアノ。それをサボるなんて（怒）……。あんなに大好きだったじゃないの（悲）……というのが母の言い分。香にはピアノ以外何もないんだから続けなさい、と。しかし私はあの恐怖教室にはもう行きたくないので、ピアノをやめたいと主張。押し問答はどれぐらい続いたのだろう……結果、母は怒り、「分かりました、そんなに言うならもう一生、ピアノを弾かなくて結構です（怒）」と言って、家で私が弾いていた（元は母の）黒いアップライトピアノにカギをかけてしまいました。

「あーやっとやめられた〜！」「あーせいせいした〜」と私は大喜びで、カギをかけられたピアノには見向きもせず、毎日の練習からも解放され、満たされた日々を送っていました。……と思ったら、そんな日々もあっという間に過ぎ去り、今度はだんだんピアノを弾きたくなってきたのです。学校で休み時間や放課後、ピアノを弾いて帰ってきては、また家で弾きたい……続きが弾きたい……。

ある日私は、母が買い物に出ると、『今だ！』とピアノのカギを探しました。ない……ない……ない……カギはどこにも見当たりません。もう仕方がないので、持っていたアルトリコーダーをテーブルに立てて「神様神様、どーかピアノのカギの在りかを私に教えて下さい」と言って手を離しました。するとカタッとアルトリコーダーは倒れ、その倒れた先には、困った時の家のお財布や、大切な物がしまわれている白い戸棚がありました。そして、そーっとその戸棚を開けると……なーんと！　カギがあったのです!!! ウソみたいな話ですがホントなんですョ、コレが。まあ、たまたま、たまたまだった事は分かっています。その後何度か探し物を尋ねてみましたが、アルトリコーダーは決して私に在りかを教えてはくれませんでしたから（笑）。とにかく天にも昇る気分で、ピアノのカギを開け、久しぶりに好きにピアノを弾きまくり、キーッと門の開く音がすると、「ヤバい」とまたカギを閉め、元あった戸棚にカギを戻し、知らんぷりしていました。

今思うと、ピアノの音なんて門の外に聞こえていたでしょうし、母は全部お見通しだった事でしょう。でも注意されるでもなく、なんとなく私はまた、ピアノを好きに弾くようになりました。コレが言ってみれば、私の本当の意味での音楽人生のスタートであった気がします。好きなピースを買ってきては好きな曲だけを弾き、気になるポップスやテレビから流れる流行曲を自己流で弾き、そして、チッチとサリーの詩集にメロディーを付けて曲を作ったり……。

多分母はこんな結末になるなんて思ってピアノにカギをかけた訳ではなかったはず。唯一続いていた習い事を簡単にやめると言った事に腹を立てて、怒りでカギをかけただけだろうと思います。でも、それは私の音楽人生の扉を開けてしまう一大事であったとは、きっと母もびっくりした事でしょう。恐るべし母の行動。そして、カギの在りかを教えてくれたアルトリコーダーと、神様にも感謝です。

しかしながら、今回のコラムでは、都立大のピアノの先生にとっては、よろしくない事ばかり書いてしまいましたが、あの時ピアノをやめていなければ、今の私もこうではなかったという訳で、それも有難い運命の出会いに違いはありません（笑）。今回は「人生を変えた習い事」について書いてみました。

STORY 9

東京学芸大学附属世田谷小学校

東京・世田谷の深沢にある東京学芸大学附属世田谷小学校、略して「附小」。私が通った小学校です。

昭和40年代に小学校を受験させた両親は、よっぽど教育に興味があったのか、または見栄っ張りだったのか、真相は分からないままですが、とにかく、5歳の私は、同じ型の折り紙を探したり、タンバリンに合わせてケンケンパーをしたり……そんな入試（今の小学校入試とは比べものにならない程、遊びの要素が多いテストだったと記憶しています）をくぐり抜け、なんと!! くじ引きも突破して、晴れて附小の生徒になりました。今でも東京都内の国立の小学校の入試では1回、多い学校では2回ものくじ引きを突破しなくてはなりません。「運も実力のうち」的な考え方なんでしょうか（笑）。まぁしかしながら、本当に商店街のくじ引きと全く同じスタイルで、トイレットペーパーや割引券ではなく、入学資格が当たるという、ちょっと信じられないような話ですよね。努力のし甲斐ゼロですよね（笑）。

50年前の私のくじ引きは、1次テストに合格した親子が講堂に集結し、1人ずつガラポンの箱を回して出てきた番号の書いてある玉を大切に持って席に戻ります。親が回しても、子供が回してもどちらでもOKで、私の場合は、母に「後々、お母さんのせいで不合格だったって言われるの嫌だから、自分で引きなさい」と言われて、自分でガラポンを回しました。全員がガラガラやって番号玉を手にすると、最後に校長先生が、同じ数の玉が入った別のガラガラから1つ玉を引きます。その数の前後60人ずつが合格という仕組みで、校長先生の引き当てた番号がアナウンスされ、一瞬静まり返り、全保護者が頭の中で、60を足したり引いたり計算している沈黙のあと、歓喜と落胆の入り混じった大歓声が上がったのをハッキリと記憶しています！　人生最初に体験した大歓声は、間違いなくあの瞬間です!!

それから数カ月後、入学式。まず学校指定の制服とランドセル。ちっとも可愛くない紺色に白いセーラカラーの制服、女の子なのに黒いランドセル。これは6歳の女子には大打撃でした。近所の女の子達は、みんな赤い可愛いランドセルなのに、どうして私は男の子と同じ黒のランドセルなのか……校章入りの、学校指定のものだったので、他には選択肢がないことを理解したのはかなり大きくなってからだったと思います。

そして、皆さん絶対に信じられないと思いますが、こう見えて当時の私は、とても引っ込み思案な性格で、今では平気で皆さんの前で、大声で歌ったり叫んだりお喋りしたりしていますが、6歳の頃は「奥居香さん」と呼ばれて「ハイ！」と返事をする事が恥ずかしいと感じるシャイな女の子だったんです‼　入学式で新入生1人1人が担任の先生から名前を呼ばれ、「ハイ！」と答えて立ち上がらなくてはならず、蚊の鳴くような声でしか返事が出来ない私は、家で何回も何十回も「奥居香さん」「ハイ！」と母親に練習させられたのを覚えています。人は変わるもんですね（笑）

そんな私が少し今の私に近付いたのは、ある事件からでした。当時通学の方向が同じ生徒で、通学班というものが作られて、みんなで集団下校をしていました。その中であまり気の合わない子が居て、その子とちょっとしたトラブルが数回ありました。こう読むと、皆さんきっと私がその子をいじめたように思いますよね（笑）!?　ところが、当時の私はなんてったって大声で返事一つ出来ない引っ込み思案ですから、その逆でちょっと意地悪されちゃったんですね。そして更にそれを友達にも親にも言えずにいたもんで、下校時になるとそのストレスからかトイレに行きたくなり、通学班は全員揃わないと帰れないので、いつも私のトイレ待ち。班の男子達がブーブー文句を言い出しました。

そこで初めて担任が異変に気づき、その小さなトラブルが学級会の議題になり、クラス全員でそのトラブルについて話し合いが行われ、なんとなく相手が加害者で、私が被害者のような雰囲気になり、相手の子が「ゴメンね」「いいよ」みたいな感じで、このトラブルは解決したような記憶があります。まぁ相手の子も私も、その後、中学を卒業するまで9年間同じ学校にも居ましたし、特に仲良くはなりませんでしたが、今の時代の〝トラブル〟とはレベルが違う話なのでご安心くださいね。

で、問題はここから。図らずも、被害者としてクラスメイトの同情を引いてしまった私は、調子に乗ったのか、みんなに優しくされたもんで、少し明るい性格になり、引っ込み思案が直っちゃったんですね。それと同時に小さい頃から習っていたピアノが注目され、前の項でも書きましたが、いわゆるクラスに1人か2人居る、音楽会や合唱大会で伴奏する子になったのです。すると、得意な気持ちに輪をかけて、自由に弾いて良かった音楽室のピアノで、休み時間の度に鼻高々で曲を弾いてみせたりしていました。

「私」を「私」にした小学校時代

さて、すっかり調子に乗っていたそんなある日、友達にテレビで流れているヒット曲を「あの曲、弾ける～？　弾いて～」と言われ、サビぐらいしか知らなかったのですが、「こんなんだっけ～!?」と言いながら弾くと友人達はすごく盛り上がって「じゃあアレは？」「コレは!?」と次々とヒット曲をリクエストしてきました。そうなると私は家に帰ってテレビで歌番組（当時はザ・ベストテンや夜のヒットスタジオ、レッツゴーヤングなど）が始まると、カセットデッキをテレビの前に置いて、ヒット曲を録音し、ネタを仕入れるようにそれらの曲を耳でコピーしていっては友達のリクエストに応えていきました。

そんな日々のお陰で更に明るい性格になった頃、友達の1人が「なんで弾けるの？」と聞いてきたので、「なんで⁉　弾けないの？」と聞き返すとみんな口をそろえて「弾けないよー、楽譜もないのによく弾けるねー」と言いました。他の人には出来ない事なのか⁉　と生まれて初めて気が付いた出来事でした。すると、今度は高学年の頃だったかなぁ……我が校の音楽室には、当時では本当に珍しいと思いますが、ドラムがフルセットで組まれて置かれ（コレはあくまで推測ですが、子供って打楽器大好きだから、みんなデタラメに叩きたがるので）、先生がある日、「8ビートの検定試験に合格した子だけドラムセットに触っていい」という決まりを作りました。

音楽室でだけヒーローの私としては、なんとしても合格しなくては‼　と、その日から、定規を2本手に持って、家の勉強机をバンバン叩いて練習しました。課題曲は、ビートルズの「オブ・ラ・ディ、オブ・ラ・ダ」！　確かに分かりやすい、一番基本の8ビートのリズム、ナイス選曲‼　だったと思います。そして、給食後のお昼休みが検定試験の時間。もちろん私は試験初日に大慌てで給食を食べて、一目散に音楽室に飛んでいき、見事合格!! このあたりから今の私がメキメキと頭角を現します。ますます調子に乗っていきます（笑）。

次に起こったエピソードは、音楽の授業中でした。「アンサンブル」を学ぶ時間、実際に音楽室の楽器を使って、いくつかのグループに分かれて合奏をしてみよう！ という事になり、ピアノとドラム検定のお陰ですっかり明るく活発な子になっていた私は、グループの班長に選ばれました。

確か5、6グループあったと記憶しています。班長になったのが相当嬉しくて、浮かれていたのか分かりませんが、私は班長にもかかわらず、先生の話をよく聞いておらず、各グループで曲を作って、その曲を音楽室にある楽器で、みんなで合奏するものと思い込みました。まずは30秒〜40秒ぐらいのテーマを作り（今でもちゃんと覚えています！）、班のメンバーにあなたは木琴、あなたは鉄琴、あなたはアルト笛、あなたはトライアングル……と有無を言わせず、独断で楽器の担当を決め、自分はピアノ。じゃ木琴はこのフレーズ！ ハイ！ 覚えてね。鉄琴はこのフレーズ、ハイ！ 覚えてね。……みんな覚えた!? じゃ、合わせてみるよ、せーの!!……ってな具合で、きっとみんな、なんの事だか分からず唖然としている間に、私にフレーズを教え込まれ、なんだか分からないうちにアンサンブルが出来上がっていったのだと思います。

（私だけ!?）大満足で発表の日。班ごとに発表をしていきました。1班の時は『こりゃうちの班の勝ちだ！』、2班の時は『あれ？　さっきと同じテーマ!?』『ま、この班も勝ったな!!』、3班あたりから『え!?　また同じテーマ!?…???』、4班目ぐらいでやっと気が付きました。教科書に出ている1つのテーマを元にアンサンブルを作る、という課題だったのです。顔面蒼白になりました……。でも、もう仕方がないので自分達の発表の番が回ってくると、正直に「先生の話をよく聞いていなくて、テーマから自分達で作っちゃいました」と言って、発表しました。クラス中不思議～？　な空気感でした。先生からどんなコメントを頂いたのか、はたまた話を聞いていなかった事を怒られたのか……は全く覚えていません。でも10歳そこそこの私はすでにテーマを作り、アレンジをして、アンサンブルを楽しんでいたって事ですよね。今、そのアレンジを思い返してみても、メインテーマに対して、合いの手になる別の楽器のメロディーがあり、最後は一緒にハモったりして……誰に教わった訳でもありませんが、基本アレンジとしては合格点だったと思います。自分でもびっくりのエピソードです。

しかしながら、今振り返ると、ガラポンに当たって入学した学校は、音楽室が特別に充実していた事は確かで、ちょっとした友達とのトラブルから調子に乗って明るい性格になっていった私は、あの豊かな音楽室で友達の人気を得たい一心でヒット曲をコピーしたり、先生の話をちゃんと聞いていなかったお陰で作・編曲をしてしまったり、結果として自分の持って生まれた特別な能力に気付く事が出来ました。小学校の6年間は人格形成に大事な時期と言いますが、私は身をもってそれを体験しました。そして、中学に上がると、小学校時代にいつもピアノの伴奏をする私を見ていた先輩達に軽音楽部に誘われ、そこからバンドにのめりこんでいき、今の私に繋がっていきます。附属の中学でなければ、入学してすぐにいきなり先輩のバンドのキーボードに誘われる事もなかったでしょう。

今の私が私であるのは、東京学芸大学附属世田谷小学校のお陰です。とても愛おしい日々です。

STORY 10

100周年記念式典

私の音楽の能力に気付かせてくれた東京学芸大学附属世田谷小学校。この「附小」では、とても貴重な行事も体験しました。

私が3年生の時、附小は創立100周年を迎えました。そして記念式典が行われたのですが、これがまず、とても大がかりな式典で、先生も生徒もかなり前から準備をして迎えた一大事だったのを覚えています。メインは小学校ならではの「呼びかけ」。その文言を全校生徒から募集し、きっと呼びかけ原稿作成の先生方のチームがあったんでしょうね。ある日、もう何ページにもわたる大力作の呼びかけ原稿が配られ（紙ペラ数枚とかではなく、ちゃんと表紙で綴じられた台本のような立派なものだったと記憶しています）、クラスごとにページが与えられ、そこでほぼ全員が何かしらのセリフを言えるように作られていて……。最初は各クラスでそれぞれに練習し、ポイントポイントで生徒全員で言う大セリフは、全体練習の時に合わせます。個人練習→クラス練習→全校練習と段階を踏んだので、余計に大がかりなイメージが残っているのだと思います。

その台本の中には、色々な資料も掲載されていました。100年前の生徒の各学年の男女別平均身長と現在の生徒の平均身長の比較とか、給食の内容、制服やランドセルの比較など。身長についてはどうしてハッキリと覚えているかと言うと、現在の生徒の3年生の女子の平均身長に、当時の私は程近かったからです！　もう、1ミリ単位の僅差で、ドンピシャ平均身長の子（当時一番の仲良しの子）が比較対象の子供として写真に写っていて……羨ましかったですねー。理由はよく分からないけど、100周年の記念式典の台本に写真が載る……きっとクラス中の羨望の眼差が注がれたに違いありません。

そんな僅差で敗れた残念な私でしたが、ある日、終礼の会の時、カメラを持った先生がひょっこりとクラスに顔を出し、生徒達を見回して、私ともう1人の女の子を呼び出しました。指示されるままに、クラスの外に出ると、他のクラスからも何人かの男女生徒が制服の子、体操着の子、何人かずつそろっていました。先生の後について校庭に出て、1人ずつ写真を撮られました。今だったら、いくら先生とは言え、理由も告げずに生徒を呼び出して写真を撮ったら、きっと大問題ですよね。でも当時はなんでもないある日の終礼の出来事でした。

そして、呼びかけ練習は毎日進み、遂には児童館（体育館とは別の、全校生徒分の椅子があり、保護者も収容できる大講堂。入学試験について書いた所ではガラポン会場として登場した場所です！）でのリハーサルまで辿り着きました。もうみんな自分のセリフもしっかり頭に入っていて、立ち上がるタイミングやいくつもの決めごとも滞りなくスムーズに出来るぐらいに上達していたある日、呼びかけと連動したスライドショー（今で言うならパワーポイントでしょうか）が本番さながらにカシャッと、校内の美しい桜や藤棚、校庭の遊具や実験室や音楽室での実習の写真を映し出しました。それはそれは、大きな児童館の舞台いっぱいに映し出された訳なので、その迫力は満点で生徒達は皆、呼びかけをＢＧＭに、その映像を食い入るように見つめていました。呼びかけもクライマックス。ちょっと言葉使いや言い回しは定かでありませんが、「私達は」「私達は（全員）」「この附属世田谷小学校の生徒として」「どんな時も頑張る子」「頑張る子（全員）」この瞬間、夕陽に照らされ、斜め上を見上げている1人の生徒の顔のドアップが映り、そのクラスが大きくどよめき、「思いやりのある子」「思いやりのある子（全員）」また他の子のドアップ。そのクラスがまたどよめく……そして最後に「一生懸命な子（このセリフは確かです!!）」「一生懸命な子（全員）」の瞬間。なんと私のドアップが!!!　びっくり以外の言葉が思い付かないのがもどかしいですが、とにかくあんなにびっくりした事は人生でそうない程のびっくりでした。

　私の周囲の子た達みんな「えーっ!?」って羨望のまなざしで振り返り、でも私もびっくりだったので何のリアクションも返せず、とりあえず呼びかけを全力で全うしました。それは紛れもなく、あの日の終礼で呼び出されて撮影された生徒達の写真でした。それから2、3回のリハーサル後、本番当日を迎えました。

一生懸命な子

練習に練習を重ねた100周年記念式典の本番当日は、なんと、皇太子ご夫妻（現在の上皇ご夫妻）が来校されたのです。忘れもしません、校門から校舎の入り口まで、真っ赤なじゅうたんがその日だけ敷かれていました。お天気が良くて本当に良かった。今思うと先生方、スタッフ全員が雨が降らなかった事に大感謝だったに違いありません。その赤いじゅうたんを歩いてお2人が式典に出席され、お祝いのお言葉を頂き、『あーテレビで見るのと同じだー』と思ったのを覚えています。そしてそして、遂に死ぬ程練習した呼びかけが始まりました！

上皇ご夫妻を前に、きっと生徒全員、子供ながらにこれはタダ事ではないと気付き、緊張感の中、呼びかけのセリフを皆一生懸命叫んでいたのだと予想します。そして、いよいよクライマックス!!　夕陽を見上げた自分の顔がお2人の前でドアップに映し出される瞬間をドキドキしながら待っていました。

「どんな時も頑張る子!」「思いやりのある子!」……そして私の番‼　「一生懸命な子!」……待ち構えていた私は、再び椅子から転げ落ちる程びっくりしました。

何故なら、そこに映し出された「一生懸命な子」は私ではなく、同じ日に一緒に呼び出されて撮影した、別の子の顔だったのです…。ガーン……。何々なんで⁉　と思っているうちに呼びかけは終わり、あれよあれよと式典は終了し、上皇ご夫妻は大拍手の中、退場されました。びっくりし過ぎて記憶も飛んでます（笑）。ただただガーン……。

家に帰ってよくよくおさらいしてみると、確かに「頑張る子」も「思いやりのある子」も、「一生懸命な子」と同様リハーサルの時とは別の子の顔でした。つまり、正確には、私達はリハーサル要員だったという訳です。いや〜子供ながらに大打撃でしたよ、まさか本番だけ別の子が出てくるとは……。しかも同じように呼び出された友達の、私はリハ要員……。今ではあり得ないリハトラ（音楽業界で、リハーサルを代わりにやる人をリハトラと言います）……。

まぁそれでも、丁度自分の在学中に創立100周年を迎え、その記念式典に出席するなんて、そうない経験ですよね。リハーサル要員もそうない経験ですが（笑）。

こんな思い出いっぱいの東京学芸大学附属世田谷小学校。我が子も是非通わせたくて、入学試験を受けようと思ったら、学区制限があって、今の我が家は残念ながら学区外で受験する事が出来ませんでした。めでたく合格した子のお母様に、卒業生の歌という事で、入学式で「Ｄｉａｍｏｎｄｓ〈ダイヤモンド〉」を大合唱している……と聞き「私の歌を歌うなら私の子供も入れてよー!!」とつぶやいた私でした（笑）。

まだまだ書ききれない沢山の思い出があります。今でも深沢辺りを車で通ると、制服と黒いランドセルの小さな自分がどこかに居るようで、胸がキュンとします。

2017年12月　ミニアルバム「Unlock the girls」取材時撮影
名古屋　中日新聞本社にて

STORY 11

愛犬と私～運命の出会い～

小学生の頃から、我が家にはずっと大型犬、小型犬から猫まで、様々なペットが居ました。ペットと書くのに違和感があるくらいの存在で、母が全てのお世話をしていて、その子達はいつも家族の一員でした。

私達子供は学校や仕事から帰ってきて遊ぶぐらいで、自分に余裕がない時は、よしよしするのが精一杯。サッサと自分の部屋に上がってやらなければいけない作業に向かい、ちょっと疲れてキッチンに飲み物などを取りに下りたついでに、またよしよし。気が向くとお散歩に連れて行ったり、ペットショップを通りかかるとササミジャーキーやほねっこを買ってくるぐらいの、ちっともあてにならない気まぐれなご主人様でした。

歴代のペット達はもれなく全員、いつも母の後をくっついて歩き、母がソファーに座ればその周りに、母がベッドに行けば自分たちもひょいっとベッドに登り、まるで母の隣を取り合うように我れ先に……といつも母を追いかけていました。当然と言えば当然で。母は新しい子がやってくると、まず最初にトイレを覚えさせる為、何日も玄関先に設置したトイレのそばで一緒に寝ていました。

お肉屋さんで、なんだか大きな骨を買ってきては、グツグツ時間をかけて煮込んで、「カリカリ（ドッグフード）だけじゃ美味しくないもんね〜」とか話しかけながら、そのスープをたっぷりカリカリにかけてあげたり。スーパーの安売りの日には、大量の鳥ムネ肉を買い込んで、またグツグツ煮込んで、小さく手で裂いて、やっぱりカリカリに混ぜて少しスープもかけて……今思うと離乳食ばりに手をかけて食事を作ってあげていましたから、そりゃ人気者で当然ですよね。

たまによしよしする私なんかとは、愛情の深さが違う事、ペット達はちゃんと解っていたのだと思います。自由気ままな猫でさえ、甘えん坊の犬達に負けじと、クールな顔をしながらも、いつも母の居る部屋で膝の上にこそ乗らないまでも、ちゃんと母の見える所で丸まっていました。

どんなに雨が降っている日も、母は自分のレインコートを独自でリメイクした、オリジナルのかっぱを犬に着せて（当時は今のようにまだペット用品が充実していなかったように思います）、2人は（正確には1人と1匹ですが）夜のお散歩に毎日毎日出かけていました。小さい子達（犬）はお散歩をあまり好まなかったようで近所を軽く。そして再度、大きい子（犬）だけ連れて小一時間……簡単な事ではないですよね、毎日ですから。

そんな母の子育てならぬ、ペット育てをずっとそばで見てきた娘の私ですから、なんとなく可愛いから……ぐらいの軽い気持ちではペットは飼えない……と解っていました。でも、30代前半、結婚して数年、初めて家を出て夫との新しい生活にも慣れてきた頃、運命の出会いが私に舞い込んできたのです。

ある日の仕事場での事です。仕事が終わり、スタジオを出た私は、顔馴染みのスタッフが、なんだかとても可愛いいゴールデンレトリバーを散歩させている所に偶然遭遇しました。「え～なんでこんな仕事場で犬の散歩してるのー？」と聞くと、どうやら仕事仲間の飼ってるワンちゃんなのですが、訳あって家で飼う事が出来なくなり、仕方がないので今はオフィスで飼っていて、スタジオ作業が長引き、ご主人様が散歩に行けない日は、代わりに自分が散歩を頼まれて……というような話でした。オフィスで⁉ 私はびっくりして（母の犬育てしか知らない私には衝撃で）「じゃ、夜、スタッフが誰も居なくなったら、ケージの中で、翌朝誰かが来るまで、この子ひとりなの⁉」と聞くと、そうだと言うのです。信じられない状況に思わず私はしゃがみ込み、その静かな可愛らしいゴールデンに「寂しいねぇ……毎晩ひとりぼっちなの？ 可哀想に……ウチに来る⁉」と頭を両手で撫でて撫でてすると、そのゴールデンは、ちゃんとお座りをして、ジッと私を見つめるんです……本当なんですヨ、目と目がちゃんと合って、心が通じた感覚だったんです。すると頭上から間髪を入れずに「本当ですか⁉」と叫び声が降ってきました。

その子はとても物静かで、言われてもないのにお座りをするし、犬とは思えない賢さで、よくよく聞いてみると、生まれてすぐに何かトレーニングみたいなものを受けてきたお利口さんのワンちゃんでした。

その場で夫に電話をかけて説明し、こちらも犬も、環境に馴染むかどうか分からないので、試しに数日間我が家にお泊まりに来る事になったのですが……ご想像の通り、その日からその子は我が家の3人目の家族になったのでした。その子の名前は「キナコ」。まだ2歳になったばかりの少し小ぶりな女の子のゴールデンレトリバー。

トレーニングを受けていたお陰で、吠えない、人間の食べ物に一切反応しない、散歩に行くと必ず左側に付いて同じスピードで歩いて、私が止まると彼女も止まり、横断歩道などでは黙ってお座り。あまりに良い子過ぎて、気の毒になっちゃうくらいの良い子でした。トイレも、1日2回の食事の後に使いなれたトイレシートの上に行かせると、静かに用を足し、部屋に戻る前には大人しく足の裏（肉球）をタオルで拭かせてくれました。きっとトレーナーさんが、昔母がやっていたようにトイレのそばで何日も一緒に寝て、上手く出来たら褒めてあげて、愛情をいっぱい注いで躾けたんだろうなぁ……と。キナコに感心すると同時にドッグトレーナーという職業にも感心しました。

まず私は、『キナコはきっと孤独に耐えてきたに違いない』と思い、何をするにも一緒、どこに行くにも一緒、そして、いっぱい名前を呼んであげる事から始めました。「きーたん」「きーたん」。いつの間にか「キナコ」ではなく「きーたん」に。母がそうしていたように、「きーたん、もう寝よう～」と言って一緒にベッドルームに行き、「ベッドに上がっていいんだよー」と言うと、遠慮がちに足元で寝て、朝は「きーたんおはよう～」と言って、一緒にリビングに行きました。

また、彼女はある決まったバスタオルを敷くと、必ずそこで大人しくずっと黙って伏せをする習慣があったので、顔馴染みのスタジオでは、隅っこに敷いたバスタオルの上で、私の仕事が終わるまで静かに待っていましたし、ご迷惑になりそうな時は、車の後部座席やワゴン車の後ろのスペースにバスタオルを敷いて、「良い子で待っててネ」と言うと、ちゃんと静かに待っていてくれました。本当に良い子でした。でも、お利口に待っていてくれる半面、家でのお留守番が嫌いという事に気付いてしまったのか、「少しの間、お家で待っててね」と置いて行くと、時々イタズラをする事も。帰宅すると、トイレットペーパーで遊んで部屋中紙だらけだったり、ソファーをほじくっていたり……人並みならぬ犬並みに感情を出す事も覚えてきて、ある意味どんどん犬らしい犬になっていきました。

私も私で母にならってせっせと鳥ムネ肉やささ身を煮込んだり、ブロッコリーの芯を柔らかく茹でたり。毎食たった1カップのカリカリを一瞬で食べてしまい、唯一の楽しみであろう食事の時間を数秒で終わらせてしまうキナコが可哀想で……しかもその横で毎晩のようにビールを飲みながら、何時間も食事をするご主人様……もう、申し訳ない気分でいっぱいで、少しずつ犬用のおやつを買ってきては「きーたんも食べたいよねぇ」とか言って、私達の長い食事タイム中にちょっとあげてみたり、お留守番のご褒美にあげてみたりと、ますます、キナコは普通のワンちゃんになっていったのでした。

それでも充分お利口さんのキナコでしたし、私達ももう家族の一員としてしか考えられなかったので、たまに出かけるスキーの時など、とてもとてもペットホテルや知り合いに預ける気にはなれず、ペット同伴可の宿を探して一緒に雪山にまで連れて行く事も何度もありました。

我が家の3人目の家族、キナコ。愛情をひとりじめして幸せな毎日を送っていました。しかしながら、程なくして思わぬライバルが出現する事になったのです。

運命的な出会いから2年程がたち、3人目の家族としてごく当たり前にキナコとの毎日を過ごしていた頃、私のお腹に待望の赤ちゃんがやってきました。妊婦生活の日々でもキナコは大活躍。お散歩があまり好きじゃない私も、キナコと一緒なら楽しかったし、雨の日にソファーでゴロゴロ（私の人生でソファーでゴロゴロしたのはこの第1子妊娠中のみです‼）していれば、隣に来てぬくぬくの毛布代わりになってくれた優しいキナコでした。

ところが、実際に子供がオギャーと生まれてくると、私自身、何もかもが初めてで不慣れな事ばかり。それまでのようにキナコに接してあげる余裕がなくなってしまいました。3時間おきの授乳の時期に、自分のご飯すら後回しなくらいですから、キナコに至っては、やっと子供が寝付いた夜中に「あ‼ ゴメン、ご飯まだだったね、ごめんごめん……」てな感じで。お散歩をあまり好まない珍しい犬だったので、本当にそれが幸いでした。想像を遥かに上回る忙しさの中、ゆっくり撫で撫でして名前を呼んで話しかけてあげる時間など、本当に無くなってしまいました。そして、子供が成長し首がすわってくると、抱っこしたままキナコのお世話をしたり、ソファーに居るキナコの横で、子供を抱っこして座ったり、子供とキナコが一緒に居る時間も少しずつですが増えてきました。

今思えば「きーたん、赤ちゃんだよー。これからずっと一緒に暮らすんだよー」って言ってあげれば良かったのに、どうしても完全に子供中心の頭に

愛犬キナコと私

なっていましたから、子供に「ホラ〜、きーたんだよー、ワンワンだよー」と説明をしても、キナコに子供の説明をしてあげた事はありませんでした。こんな風に書くと、それ、普通でしょって思う方も沢山いらっしゃると思いますが、犬って想像以上に理解力があるんですよ。悲しそうな顔とか嬉しそうな顔もするし、ちゃんと感情があるんですヨ。だからきっとキナコはあの時、私の態度が急に変わったように感じていただろうし、『なんでそんな新入りばっかり大切そうにしてるの⁉』って悲しかったに違いありません。2人目の子供が生まれると、下の子ばかりに手がかかってしまうので、意識して特別に上の子に気を配って、寂しい思いをさせないように、って母はみんなものすごく注意するのに、どうしてキナコには同じように気を配ってあげられなかったのか。ほんとに情けなくて今でも自分が悲しくなります（涙）。

キナコが喜んでシッポをブンブン振るとゴールデンは大きい犬ですから、赤ちゃんにしてみれば、それに当たろうもんならひっくり返っちゃう勢いなんですね。そんな時も、つい子供をかばって抱っこして「きーたんダメでしょ」……なんて言っちゃう事も。きっと『何も悪い事してないよー（涙）』って思っていたに違いありません。更には、やはり動物ですから、その「毛」を吸い込む事や「ノミ」も心配だったので、（私と赤ちゃんの寝室には）「ここは入っちゃダメだよ」と言うと、頭の良いキナコは、1回でその事を理解し決して入らず、ドアの横で寝るようになりました。何年も一緒に寝ていたのに本当に可哀想な事をしてしまいました。お利口さんで、ちゃんと言いつけを守る子だっただけに、こうして書いていても余計に泣けてきます。

次のキナコの地獄は子供が立って歩き始めた頃。子供は何にでも興味を持ち始めます。当然目の前に居るふわふわした生物をつかんで引っぱってみたくなりました。子供って何をするにも全ての行動が唐突ですから、例えキナコが寝ていようが水を飲んでいようが、いきなり毛をつかんで、全力で引っぱるわけです。さすがにこの頃には子供にも「引っぱったら痛いからかわいそうだよ、ダメだよ」と教えますが、子供はキナコと違って理解もできないし、キナコの方がずっとずっとお利口さんなわけで。キナコもある時ガマンの限界が訪れたのでしょう……牙をむいて見た事のない獣の顔で「ウーッ」と威嚇したのです。聞いた事のない大きな声で「ワン（怒）」と吠えた事もありました。もちろん悪いのは子供たちですが、万が一子供に噛みつきはしないかと心配になり、やっぱり驚いて大泣きする子供を抱っこして「きーたん、ワンって言わないの」「ウーッて言わないの」って注意してしまいました。

そして、子供達が幼児になると今度は同じようにチョロチョロする子供の友達が沢山遊びにきました。大型犬が家に居るご家庭も、そう多くはないでしょうから、怖くて大泣きする子、どこまでも追いかけ回す子、アレルギーの子……色々と居ました。結局、「きーたんゴメンね、お友達が帰るまで別の部屋に居てね」と、別の部屋に、夕方まで。キナコの方がずっと前からこの家の住人ならぬ住犬だったのに、閉め出されるハメに。本当に悲しかったに違いありません。悔しかったに違いありません……。

そんなガマンの日々も過ぎ、子供達が幼稚園に通いだした頃の事です。お弁当生活がスタートし、我家の朝のサイクルが大きく変わりました。それまでは、朝、子供達が起きてバタバタする前に、キナコに朝ご飯とトイレ。起きて最初の私の仕事は、キナコのお世話でした。更にお弁当の仕込みが朝のルーティンに追加され、まだお弁当作り初心者の私ですから、手際も悪く、時間もかかってるので、子供達が目を覚ます前にお弁当を仕上げたい!! 起きてきたらトイレだ、場合によりオネショ……母の仕事がどれだけ増えるか分からない朝のドタバタの前に、とにかくお弁当を仕上げねば。そんな朝の仕事が増えた日々、起きてまずキナコにご飯を用意していると、時々オエッオエッとえずいて胃液を吐く事がありました。獣医さんに相談すると、ゴールデンはお腹が空くとオエッとえずく事がよくありますよって言われ、まぁ人間でもお腹が空き過ぎて気持ち悪いって事ありますからね、それみたいなものかなぁ……と思っていました。でも、胃液を吐くと、そこを掃除しなくちゃならないので、新聞紙をサッと下に敷きたくてタイミングを狙っていると、どうしても逃げちゃう、と言うか、決して新聞紙の上には吐いてくれないのです。「そっち行かないでー」「待って待って」なんて言葉が悪い事をしているように思わせてしまったのか。ある時はかわいそうになって背中をさすってあげると、「ウーッ」って怒るんです。どうしてあげたらいいものか。困りながらも、毎日は忙しく過ぎていき、お弁当作りとキナコの朝ご飯と、毎朝を卒なくこなすのに精一杯の私でした。不思議と夜は一度もえずいた事はなかったので、私はその獣医さんの言葉を疑いませんでした。

同じ頃、闘病中の私の母の体調が悪化し、病院通いが毎日の忙しさに拍車をかけました。振り返ると、私の人生で一番忙しい時期だったかもしれません。

子供達のお弁当とキナコの世話で1日が始まり、子供達を幼稚園に。家事をして、母を病院へ。子供達が帰ってくると公園に連れて行ったり、時には母に顔を見せに一緒に実家に行ったり。帰って夜ご飯を子供達とキナコに食べさせ、お風呂。夫の食事の用意などいつやっていたのか……あまりに忙しすぎて記憶がないです（笑）。それでも子供達にはその時期ならではの色々な体験をさせてあげたいし、遊びにも連れて行ってあげたい……。

2月のある日、子供達はスキーが大好きだったので、幼馴染みの家族と、スキー旅行に行く事にしました。子供達も幼稚園生。キナコのシッポでふっ飛ばされて怪我をする心配ももうない年頃だったので、久々に昔よく行っていたペット可の宿を予約して、子供達と、その幼馴染みファミリーと、そしてキナコと雪山に旅行に行く計画を立てたのです！　やっと昔みたいにキナコを連れて旅行に行ける!!　私は本当に嬉しかったし、「きーたん、ごめんね、今まで本当によくガマンしてくれたね。また前みたいに一緒にお出かけしようね～」とキナコに話しかけて、両手で頭を撫で撫でしてあげたのでした。今までいっぱいガマンさせた罪滅ぼしがやっと出来る！　そんな気分でした。

ところが、旅行を数日後に控えたある日、キナコが突然歩かなくなりました。ご飯だよーと言っても来ないし、家の中の階段も身軽に上り下りしていたキナコが、一切階段を上り下り出来なくなったのです。心配になり、すぐに主治医の所へ連れて行くと、少し様子を見るので……という事で、一晩入院する事になりました。不安そうなキナコに「明日お迎えに来るからね」と言って、私は山のように仕事が待っている家へ帰りました。

次の日迎えに行くと、点滴をしたら少し元気になったので、もう1日入院してもう少し点滴をしようという事になりました。、レントゲン上も背骨に少し湾曲が見られるぐらいで大した事なさそうだったので、ホッとして家に帰りました。すると、子供達が寝付いた頃電話が鳴り、出ると主治医の先生でした。キナコの容体が急変したので、少し遠くの動物病院に今から搬送して輸血が必要との事……私はもちろん承諾し、知り合いに留守番を頼み、寝ている子供達を置いて、すぐにその搬送先の病院に向かいました。

病院にいたキナコは、ぐったりとしながらも、私の顔を見て少し安心した様子でした。どうやらその病院は輸血の出来る、数少ない病院だったようです。さらにCTも撮り、院長先生からキナコの診断結果が伝えられました。病名は「癌《がん》」でした。CTの画像を見せて頂きましたが、素人の私にでも分かるぐらい、水玉模様のような肺や肝臓の写真でした。あまりに突然の出来事に、私はその場に倒れこむように泣き崩れてしまいました。あんな風に人前で泣いた事は初めてです。母の病名を聞かされた時も驚きましたが、治ると信じる事が出来たので、その瞬間は取り乱す事はありませんでした。しかし、キナコの場合は、見せられたその画像と先生の口調から、治ると信じる事はとても出来ない状況でした。

しゃべれない程号泣しながら、「あとどれぐらいこの子に時間はあるんですか？」と聞くと、1週間かもしれないし、長くても1カ月と……。やっとやっとこれからまた旅行に行ったり、昔みたいにガマンさせない生活が戻ってくるからね、って話したばかりなのに……。あまりの悲しみとショックでどうにかなってしまいそうでしたが、子供達の居る家に帰らなきゃ……輸血の終わったキナコを抱っこして、車の助手席に乗せて、私達は家に帰りました。

その夜、子供達と私が3人で寝ているキナコ禁止の寝室に「きーたん、おいで」と昔みたいにキナコを呼んで、「今日からまた一緒に寝ようね、今日からは部屋に入ってもいいんだよ」と言うと、昔みたいにキナコは私の足元に来ました。今日1日に起きたあまりに信じがたい事柄に目を背けるように「きーたん、よしよし」と言いながら泣きながらキナコを撫で撫でして、ぎゅーっと目をつぶって寝ました。でも、やっぱりお利口さんのキナコは、朝起きるといつもと同じ部屋の外のドアの横で眠っていました。もう、どうしてこんな時までお利口さんなの？　と悲しくて悲しくて、本当に涙が止まりませんでした。それでも、子供達の毎日は待ってくれないし、キナコにしてあげられる全てをしてあげながら日々を過ごしました。

キナコはみるみる弱っていきました。先生が1週間……長くても1カ月と言って下さったのは、泣き崩れる飼い主にくれた、せめてもの優しい言葉だったんだろうと思います。亡くなる前の数日間は、夜中もずっとキナコの横で、時々口元にスプーンで水を運び、それまでの時間を取り戻すかのように、色々な事を話しかけ、名前を呼びながら撫で撫でし、朝を迎えました。最後の朝は2月だというのにとても暖かく、窓辺に横たわるキナコに陽の光が眩しく差し込み、フカフカの毛が本当に金色にキラキラと輝いていました。キナコは抱っこした私の腕の中で、眠るように息を引き取りました。

くしくもその日は、数年ぶりにキナコと一緒にスキー旅行に行くはずだった、楽しみにしていた出発の日でした。一緒に行く幼馴染みの子供とそのご家族が、キナコにお別れに来てくれました。旅行を中止する事も考えましたが、家に居たらキナコの想い出と悲しみに、私自身が押し潰されてしまいそうで、悩んだ結果、予定通りに旅行に行く事にしました。既にお別れをして、万全に旅行の準備のできている我が家の子供達を連れて、幼馴染み家族が先に出発してくれました。おかげで私は何にはばかる事もなく、思いっきり泣く事ができました。

あんな風に泣いたのは、後にも先にもあの時だけです。父や母を亡くした時も、それとは違いました。多分それは、キナコは何ひとつ私に言わないまま、ある日突然私の前から居なくなってしまった……なんで気付いてあげられなかったんだろうという後悔と、子供が生まれてからというもの、ずっとガマンをさせてしまった自分を責める気持ちと、やっとその日々が終わろうとしていたその朝に、どうして逝ってしまったの……という想いとが、ただただ涙になって溢れ出したのだと思います。

最後のキナコのお世話をして、お棺にガーベラの花を敷きつめ、お迎えに来た葬儀屋さんの車を見えなくなるまで見送り、友人の運転する車で子供達の後を追って雪山に向かいました。そして宿に着いたのはもう日付が変わった深夜でした。

その夜、夢を見ました。本当なんですよ、信じられないかもしれませんが。予約していた宿で、キナコはお決まりのバスタオルの上で、旅用品を詰め込んだお決まりのキナコ専用バッグの横で、静かに伏せをしていました。本当に来たかったんだろうな、一緒に。だからきっと夢の中で一緒に来たんだなあ……と朝、また泣きました。

17年前の2月5日の朝の事です。

この連載では、いつもくすっと笑える楽しい話題ばかりを書いてきましたが、今回のこの悲しいMY STORYも、私がこの東京で味わった一生忘れる事のない大切な2月のストーリーであり、そして、書く事によって浄化したい想いでもあったので、思いきって書きました。

あれ以来、もうペットを飼う事は出来ませんでした。子供達は大きくなり、物理的には手はかからなくなりましたが、今度は仕事も再開し、またガマンさせる生活を強いる事は二度としたくない、という想いからです。キナコは私がお世話をした最初の子で、我が家の最後のペット、私の愛犬はきっと生涯キナコだけです。

物言わぬペットとの悲しいストーリーは、皆さんの周りにも沢山ある事と思います。時々思い出しては写真に話しかけて、何年経っても涙する……そんな私と同じような読者の方は、いっぱいいらっしゃるのではないでしょうか……。思い出は大切に胸にしまって、前を向いていきましょうね。

STORY 12

ヒドいお姉ちゃん

私が小学校3年生の頃、4歳年下の弟が世田谷区太子堂にあった国立小児病院（今の国立成育医療研究センター）で手術を受けました。弟は生まれてすぐ心臓に病気が見つかり、最初は体重が10キロになったら手術……というお医者様からのお話でしたが、弟の成長と病状をみながら、結局、小学校に上がる少し前に手術は行われました。

今、親になって振り返ってみれば、それが両親にとってどれだけ大きな悲しみ、心配……どれだけ大打撃であった事か、想像しただけで胸が苦しくなりますが、当時の幼い私には、そんな両親の悲痛な想いなど理解できるはずもなく、少々太り気味だった私は10円の棒のアイスキャンディー、対する弟は体力付けて手術を頑張らなくちゃねと、レディーボーデンのアイスクリーム……と、何かに付けて弟びいきの生活に分かりやすくヤキモチを妬いていました。食欲不振の弟に母は必死に「美味しいよ～食べてごらん～すごく美味しいよ～」と声をかけ、私も助っ人に‼　と「いーなーお姉ちゃんのお味噌汁にはお豆腐（だったか、大根だったか……⁉）がちょっとしか入ってないのに、ケンちゃん（弟）

のにはいっぱい入ってる――!!」と母に助け舟を出したつもりが「香はそんなみっともない事言わないの。食べたかったら自分でよそってらっしゃい（怒）」と怒られた事も……(涙)。

まぁ、小さい頃に親のちょっとした誤解でキズ付く……なんてあるある話で、今となっては弟にどうやって沢山食べさせるか必死だった母に、私の小芝居を受け止める余裕なんてなくて当然だったと思います。逆に、こんな風にちょっとした場面で、私も自分の子供達をキズ付ける発言をしてはいないかと、後々の子育ての中で心配になった事も何度もあります。

とにかく我が家は、弟が手術を乗り越え元気になったその時までの間、ずっと弟中心に全てが回っていたように幼い私は感じていました。そんな私が20歳も超えてすっかり大人になった時に、飲みながら母が教えてくれたエピソードがあります。

弟の手術の日程が決まった頃に違いありません、母は私に、心臓の手術はとても簡単な事ではなく、万が一の場合、もう二度とケンちゃんに会えなくなってしまうかもしれない……だからケンちゃんに優しくしてあげなさいね、辛い検査や入院や、1人で頑張るケンちゃんにいっぱい優しくしてあげてね……というような話を、夕暮れ、近所を2人で歩いている時に話してきました。

なんとなくそのシーンは記憶に残っています。私は「じゃ、可哀想だから毎日手紙を書くね。パズルもケンちゃんにあげるよ」と答えた記憶がありました。ところが母が言うには、「香、それ聞いて『あー私じゃなくて良かった～』って言ったんだよ!!」と爆笑するのです。えー!? どこでどう記憶がすり替わったのか!? どっちが本当なのか……真実は分からないまま、その時の「あ～私じゃなくて良かった～」発言はその後、事あるごとに母にツッコミを入れられ、ネタにされ、だんだん私自身もそんな事言ったような気にすらなってきたりして……今では我が家の笑い話の1つになっています。でもまぁそれも、弟はすっかり元気になり、人並み……を通り越してタテもヨコもご立派に成長した最高に幸せな結末だったからこそ笑える話で、幼い弟の病気でどれだけ自分を責めた事か、どれだけ変われるものなら変わってあげたいと思った事か、そんな苦しみを乗り越えた母はその〝ちょっとヒドい笑い話〟にさえ幸せを感じていた事でしょう。

ギョーザライス

そして、もう1つ私の記憶に深く刻まれているエピソードがあります。同じく弟の手術の見通しが立った頃、手術までの間に何度も入院をして、カテーテル検査などを繰り返し行う弟の為に母は「願かけ」をすると言い出しました。「一番好きな物をガマンして断つ代わりに、願い事を聞いて下さいって神様にお願いするのよ」と説明してくれました。母はお米を断つ、と決めました。弟の手術が成功して元気になって退院してくるその日まで、お米を食べない代わりに弟が元気になりますように……と神様にお願いしたと言うのです。私はそれを聞いてびっくりしました。だって、お米って毎日毎日食べる物だよ、1日3回いつも食べてる物だよ……と。すると母は「だからお米にしたのよ」と言いました。あぁ……今、その想いの深さが初めて正しく理解できた気がします……涙があふれてきます……。当時の私は、内心ちょっとのガマンで済むコーヒーとかにしとけば良いのに……と思っていました。でもそれでは意味がないという事、今なら理解できます。

母はその日から本当にお米を食べなくなりました。家族が毎日普通に白米を食べる中、パンや麺類を1人で食べてガマンしていたのでしょう。それも1年以上も……。

弟の手術は幸いにも無事に終わり、退院の日が近づくと、「やっとお米食べられるね」「退院の日、何食べたい⁉」など、お米を久しぶりに口にする日が近づいてきた母と、そんなトークをよくしました。母が選んだ願かけ明けの食事は「白いご飯とギョーザ」でした。え⁉　なんかフツーだな……高いお寿司やステーキじゃないんだ……と肩すかしな感じがしたのも記憶にあります。

ずっとずっと待っていた退院の朝。私と母で弟を病院に迎えに行き、その足で渋谷の東急か西武か……定かではありませんが、デパートのレストランに行きました。母はライスとギョーザを注文しました。ひと口ご飯を食べた母に「美味しい⁉」と聞きました。期待していた大きなリアクションはなかったけれど、きっと母の生涯で一番おいしいご飯だったのだろうと思います。よく泣かずに食べてたなーと感心します。きっと心の中で号泣していたんでしょうね。

今でも世田谷通りあたりを車で通ると、国立小児病院を思い出します。そして同時に、あの時の母がどれだけ辛かったか、そしてあのライスとギョーザがどんなに美味しかった事か‼ と想像します。私も母になり初めて知る母の想いでした。しっかし私もヒドいお姉ちゃんだったなー（笑）。

STORY13

天国から地獄への急落

その日、どこにでも居るごく普通の中学生の私は、目黒区大岡山に住んでいる、小学校からの同級生の友達の家に遊びに行きました。「良かったら、夕飯食べていって。なんならお泊りしてもいいのよ」と、友達のお母様に言われて、もう嬉しくて嬉しくて、すぐに母に電話をかけました。中学生の子供が一晩友達と一緒におしゃべりが出来る、バイバイって帰らなくてもいいなんて、それはそれは、もう飛び上がって絶叫したいくらいの嬉しい出来事! ん〜今は携帯電話やSNSで、中学生でも自由に友達とおしゃべりしたり、時間を気にせず繋がっていられるので、たかがお泊りぐらいでそんなに喜ぶ中学生はほぼ居ないのかもしれないけれど(笑)。私が中学生の頃は、学校で散々おしゃべりした挙句、名残惜しくバイバイし、夜、親の目を盗んで自宅電話でコソコソとまたおしゃべりして、必ず「いつまでしゃべってるの! もういい加減に電話を切りなさい ー(怒)」と叱られて、泣く泣く電話を切る……という毎日で、叱られるたびに自分専用の電話があったらなぁ〜と本当に心の底から思っていました。今の子供達は最高ですね、羨ましい!!

さて。話を戻すと、喜び勇んで母に電話をかけた私は、なんとか母の承諾を得て、降って湧いた夢のお泊りの準備!! 歯ブラシを買いに行ったり、借りる寝巻を選んだり……。するとどのくらいかは記憶がありませんが、まぁ1~2時間程経った頃、突然母から友達の家に電話があり「香ちゃん、お母様からお電話よ。ちょっと電話代わって下さいって……」と友達のお母様。『?』と電話に出ると「香、今すぐ帰ってらっしゃい、ガチャン……」。

一瞬唖然としましたが、次の瞬間、押しつぶされそうな恐怖感が……母は確実に怒っている、それもちょっとやそっとではなく、もの凄く怒っている……。天国から地獄の底に突き落とされた私は、とにかく「すみません、どうしても帰らなくてはいけなくなりました。理由は分からないのですが、とにかく今すぐ帰ります」と、驚いてポカンとしている友達とお母様に頭を下げて、家にすっ飛んで帰りました。心当たりはありませんでした。あんなに怒っているなんて何だろう、何だろう……何なんだろう……。もう、恐怖で心臓はバクバクでした。帰り道の長かった事……アレコレ考えながら、30~40分程かけて自宅にすっ飛んで帰り、恐る恐るドアを開けると「香、お帰りなさい。ちょっとここに座りなさい」と、母のミョーに冷静な声にチビってしまいそうな私……。黙って座ると母は、「何故急に帰って来なさいって言われたか、分かる?」と言いました。もちろん、分かりません。黙って下を向いていると、「心当たりあるでしょう。考えてみなさい」と言われました……が、全く何も思い当たらず……とにかく黙って下を向いていました。長い長い沈黙が流れました。もしかしたら2～3分、いや30秒ぐらいだったのかもしれませんが、私には果てしなく長い沈黙。

さて、いったい何故、母は激怒していたのか。

あっぱれ！　母の凄技

夢のお泊りから突然呼び戻された中学生の私は、予想外に静かに激怒する母を前に、懸命にその理由を探していました。いや、恐怖のあまり思考回路が止まって頭は真っ白……。実は何も考えられずにただただ沈黙していたのかもしれません。すると、しびれを切らしたのか、母は立ち上がり、キッチンから灰皿を持って来ました。母はスモーカーだったので、ごく自然にいつも愛用していた灰皿を持って来ました。そして、タバコの箱をのぞき込み「あっ、タバコ切れちゃった。香、1本ちょうだい。持っているでしょう？　タバコ。」

……『がびーーーーーーん』

その瞬間の血の気がザーッと引いていく感覚……。もう完全敗北、言い訳もゴメンナサイも何も言えず、立ち上がって、自分の机の引き出しに隠してあった、タバコを取って来て、母親に差し出しました。

忘れもしない、サムタイムのメンソール。白地にペパーミントグリーンの細い文字で、ＳｏｍｅＴｉｍｅと書いてある爽やかでオシャレなパッケージ。1本取って火をつけると、母は「マズっっ……メンソールがもう飛んじゃっているじゃないの。一体いつのタバコなの？」と言い、私はもう正直に全てを話しました。「（当時のボーイフレンドの）Ｙ君が持ってきたもので、一緒に1本吸ってみました。けどマズくて吸えませんでした。それで、捨てるに捨てられなくて机の中にずっと隠してありました」と。すると、母は「どうせ吸うならもっと美味しいの吸いなさい」と、ひとこと言って、そのメンソールの抜けたサムタイムをゴミ箱に捨てました。私はその日以来、中学校を卒業するまでの間、二度とタバコに手を出しませんでした。

まぁ結局、母の言う「美味しいタバコ」は覚えちゃったんですけどね（笑）。20代の頃は必需品、30代で子供の妊娠をキッカケに私の人生からタバコは遠のいていきました。そんな母は今から15年程前、肺癌になり闘病の末、亡くなりました。最後まで「タバコだけは止めろって言わないで。禁煙するなら死んだ方がいい」と言い続け、亡くなるまでスモーカーでした。出産、授乳が終わり、子供達が少し大きくなり、またタバコを復活させていた私でしたが、当然、肺癌の母にタバコを止めるようにお願いしました。どんなにお願いしても母は絶対イヤ、と言って禁煙してくれませんでした。もう仕方がないので、代わりに私がタバコを止めるから!! と聞き分けのない母に半ば怒って、何故か私が禁煙しました。でもお陰で今、私はタバコを吸わない生活を送っています。つまり、母は私に2度、タバコを止めさせたのでした。

それは本当に見事でした。一言も怒らずして大打撃を与え、禁煙のきの字も口にせず、私にスパッとタバコを2度も止めさせたのですから。この40年も前のエピソードは深く深く私の中に刻まれていて、私の子育ての中で、何度も「怒らずして大打撃を与える方法」として参考にし、実践してきました。当時の母もきっと考えに考えたんだろうな～と思います。

母が大好きなタバコ。自分も吸いながら、いくら怒ったところで、「法律だから」という理由だけで子供に響くはずがない……。どうやって中学生の子供をギャフンと言わせるか。本当にあっぱれでした!! 今でも「香、1本ちょうだい」と言われた時の事を振り返ると、飛び上がっちゃうくらいの恐怖感がよみがえってきます(笑)

そして月日が経った今、大岡山にはとても気に入っている居酒屋があり、時々足を運びます。思い出の友人宅はそのすぐ近くで、なんとなくいつも駅から店までの道のりは、母に呼び戻されたあの日の気分がよみがえり、大急ぎで歩いていく私です（笑）。
恐るべしMy mothers' タバコstoryでした。

STORY 14

私と父

私が小さい頃の父は、仕事で忙しく、あまり家には居なくて、家族旅行の思い出も小学校低学年の頃に行った伊豆温泉1回（ハトヤではなかったと思いますが、笑）。イモ洗い状態のあまりキレイとは言えない海……。なんとなく冴えない思い出しかありません。

同じく小学校低学年の頃の年末。珍しく父が家に居て、書斎で年賀ハガキを書いていた（と記憶していますが……）時、何故か私は、普段あまり会話のない父の所へ顔を出しました。すると父は「おー香、座りなさい」と言って、どこからか「ルマンド」（むかしからあるブルボンのお菓子）を出してきて、私に差し出しました。私はルマンドが大好きだったので、喜んでボロボロこぼしながら食べました。年賀状に追われて焦っていたのも解らなくはないですが、父もなんかせっかく娘が書斎に来たのだから気の利いたおしゃべりでもすればよかったのに……とも思いますが、まぁそれが私の父だったんです。でも「おー香、座りなさい」と言った時の父の嬉しそうな顔はとてもよく覚えています。

この連載では母は何度となく登場してきましたが、父はまだ一度も登場していないので、私と父のエピソードを書いてみようと思います。

小学校の頃は、前述したように父は忙しそうで、朝は同じぐらいの時間だったのか、時々学校に遅れそうな私をタクシーで送ってくれた記憶があります。帰りはいつも遅く、夕飯を一緒に食べた思い出は、引っ越しの日の店屋物ぐらいで、イメージとしては、我が家の食卓はいつも母と私と弟の3人。たまに夜更かししていると父が帰って来て、赤カブのお漬物でお茶漬けを食べてたなぁ……今思えば外で飲んでたんかい⁉ って感じですが（笑）。

そんな時代を過ぎると、私はだんだん思春期に突入していきました。誰もがそうなように。予想通り、思春期の娘の扱いなど上手い訳もなく、だいたいの子供がパパ大好きな幼少時代ですら、あまり上手な付き合い方ではなかった父が、ややこしい思春期の娘とうまくいくはずがありません。私は、まぁ人並みに「お父さん嫌い」状態になりました。それに気付いてなのか、父はあからさまに私を気にかけ私は余計うっとうしい……「負のスパイラル」とでも言いましょうか……。よくある悪循環。

今思うと、「クソじじぃ！」ぐらい言えたら、もうちょっと明るい不仲になれたかもと思うのですが、それまでの家族関係上「クソじじぃ」とは口が裂けても言えないタイプの子供でしたので、心の中でだけ、いつも『クソじじぃ～』と叫んでました。

そんな父娘に最悪の出来事が起こりました。

あれは中学3年生の頃。私には別の中学校に通うボーイフレンドがいました。と言っても中学生、それも今のではなく、昭和の中学生ですから、その名の通り、ボーイのフレンドってぐらいの彼でしたが、私もプチ悪い子で、塾をサボってそのボーイフレンドと、自由が丘の坂の途中にあったマクドナルドに行ったり、日曜日には塾の模試をサボって、原宿の竹下通りでデートしたり、定番のウソをいっぱいついていました。今自分が親になって振り返ると、そんな定番のウソ、顔見りゃウソだと一発でバレてたはずです。私なんて帰宅して来た息子の顔見て、『あ、今からウソ言うなー』と予想がついた程ですから（笑）。100パーセントバレていた事間違いなし。多分、母は塾や模試をサボった事にはカンカンだったでしょうけれど、竹下通りに行った事、もっと言うと男の子と2人で出かけた事に関しては、なけなしのお小遣いで、せいぜいクレープ1個食べて帰ってきてるんだと想像し、黙認していたんだと思います。人一倍カンの鋭い母でしたから、ビビりながらも、塾や模試をサボって原宿行くのが精いっぱいでした（笑）。でも、あともう2、3回やってたら、母にガツンと叱られて、またタバコ事件の二の舞になっていたに違いありません。いや、でもきっとその方が奥居家的にはよっぽど平和だったのかも……。

それとは別に、小学校時代から、何がキッカケだったのかは覚えていませんが、日記をほぼ毎日、（もしかしたら気が向いた日だけだったのかも……⁉）つけていた私は、だんだんと、記される日記帳本体の見た目にも興味がいくようになっていました。つまり、ジャポニカの日記帳ではだんだん不満になり、サンリオのキャラクターノート、キティちゃんやパティ&ジミーの可愛いノートを通り、そして遂には、百貨店の文房具売場に売っている、カギのついた白い革張りに銀の模様があしらわれた、お姫様の日記帳みたいなゴージャスな日記帳をクリスマスプレゼントに買ってもらったのです‼ きっととても高価な品だったと思います。ズッシリとした高級感に、キラキラ光る小さなカギ付き。もうたまらなく嬉しかった事を今でもハッキリと覚えています。

悪夢の始まりはこのステキな日記帳を手に入れた事からでした。

さて、次回はこの日記帳を手に入れてしまったが為に起こった、父娘のエピソードをご紹介します。

父はそれを我慢できなかった

思春期ドップリの私と、幼少時代から存在感の薄い父。

白い革張りに銀の模様のカギ付き高級日記帳をクリスマスに手に入れた私は、厳かにそのページを開くと、もう何か書きたくて書きたくて、たまらない気持ちになりました（昔からどうやら書く事は好きだったようですネ）。しかも、想像してください！　小さなカギが付いているんですヨ。カギをかけてしまえば誰も読む事は出来ない……。そこはもう、私と神様のみぞ知る秘密の世界……ね！ワクワクして倒れそうじゃないですか⁉　もう人間の本能とでも言うべきでしょう、カギの付いてる日記帳には知られちゃマズイ事を書かずにはいられないのです!!!

私はその本能に忠実に、日曜日、ボーイフレンドと過ごした秘密の１日を事細かに書き記しました。ものすごくハッキリ覚えています。

朝、○○という有名塾の模試に行くと言って出かけ、そのボーイフレンドの所属しているまた別の塾の授業にコッソリ侵入。同じ学校の友人達も何人も通う大型塾だったので、みんなに「なんで居るのー⁉」って言われて、何故か得意な気持ちに。別に勉強する訳でもなく、デートの延長で顔を出した塾が終わると、竹下通りへ。ボーイフレンドと２人で竹下通りを歩く昭和の中学3年生。めちゃイケてる気分！　立ち並ぶショップで、理由は忘れてしまったのですが、そのボーイフレンドが私に自分とお揃いのトレーナーを買ってプレゼントしてくれて、私は大喜び！　その日から毎日家に帰ると、制服からそのトレーナーに着替え、親に何て言われようが、似合っていようがいまいが、お構いなしに毎日着用。

　またある日は、学校の帰り、塾で居残り勉強をするとウソを言って、ボーイフレンドとデート。田園調布にあるお気に入りの喫茶店で彼はいつもピザを注文。扇形の一切れを縦に半分に折って手で食べるのがオシャレと思っていたのに、彼は三角のとがった所からくるくると丸めてフォークで刺してかぶりつく。カッコより空腹が勝つのか……（今思えばなんて事ないただの冷凍ピザ）。

　またある日は土曜日半どん（午前中授業の事を何故か半どんと言いましたよねぇ!?）。クラブ活動があるとか親にはウソ言って、彼が学校近くの駒沢公園まで来てくれてデート。半どんだったからか、彼は極度な空腹で、売店でポッキーを購入。当時、昭和の中学生にはポッキーは高価なおやつ。それを2箱いっぺんに買い、おもむろに箱を開けると、指でつまめるだけつまんで3、4本、一度に口に入れてボリボリ食べる……。えぇーポッキーって1本ずつ食べるもんじゃないのぉ!?　こんな食べ方あるんだ……。ポッキー2箱では満たされず近くのアンナミラーズへ。そこで後輩にデート現場を目撃される。

　……などなど、その他沢山のヒミツのストーリーを書きまくった私。ま、可愛いもんっちゃ可愛いもんですが、ウソはウソ。浮かれた様子満々で毎日毎日コソコソと書いているのを当然両親は知っていたはず。そこでカギ付きの日記帳には知られちゃマズい事を書くのが本能なら、今度はカギ付き日記帳に書かれた知られちゃマズい事ほど読みたくなるのもまた本能。いくら親子とは言え、カギをコッソリ開けて中身を読むのは罪悪感でいっぱいなはず……なのに「父はそれを我慢できなかった」のです。

ある日珍しく父が休みの日、リビングで私と遭遇すると、「香、そのトレーナーいいなぁ、どこで買ったんだ⁉」……私の服についてのコメントなど聞いた事がなかったのに……。

「？……原宿」。

しばらくすると、「香、たまにはピザを食べないか⁉　たまにはいいじゃないか⁉」

……『え⁉』

しまいには「土曜日は半どんだからポッキーぐらいじゃ腹がもたんよなぁ」

父は読んでしまったら読んでしまったで、心の中にはしまっておけず、チクチクと私に『お父さんは知っているんだ』光線を放ってきました。

さすがの私も『こりゃ読まれた（汗）』と気付き、部屋にすっ飛んで行って、隠してあったカギの在りかを確認すると、父は分かりやすく読んだ形跡を残しており、カギが違う所に違う様子で置かれていたのでした。

今思うと、きっと読んでしまった罪悪感と、予想通りのマズい事が書かれていたショックとに動揺して、カギがどこにどんな風に隠してあったのか、すっかり飛んでしまったに違いありません。しかも（くどいですが「昭和」の）中学3年の一人娘が男と原宿デート……喫茶店でピザ……駒沢公園で（きっとカップルがイチャイチャしてるところを想像しながら）ポッキー……。

父には衝撃的すぎるエピソードの数々。ですが、そんな父の心情など理解できない、まだまだ子供の私は、読まれてたらよろしくない事を書いてしまった……そしてそれを読まれてしまった……ならばこの事実を抹殺するしかない……と思い立ち、あんなにも気に入っていた白い革張りカギ付き高級日記帳を、それだけならまだしも、過去の書き貯めてあった何冊ものジャポニカからキティちゃんまでの日記帳と一緒に袋に詰め、ボーイフレンドを田園調布に呼び出し、泣きながらそのエピソードと、どうしようもない悔しさを彼にぶちまけて歩きました。田園調布の駅から扇型に広がる並木道をまっすぐ進んで突き当たると宝来公園。友達と駅前でサンジェルマンのパンやケンタッキーを買ってはここへ来て、公園でおしゃべりしながら食べるのが大好きだった宝来公園。公園に入って自然の中を歩き、傾斜のある道を下って行くと大きな池。その池の手前で、持ってきた日記帳の袋を彼に持たせ1冊ずつ思い出を池に捨てるように、日記帳を池に放り投げました。あんなに気に入っていた白いカギ付き日記帳も「これさえなければこんな事にならなかったのに……」と躊躇どころか全身の力を込めて、池に投げ捨てたのでした……。池の生物達は何事か!? とさぞかし驚いた事でしょう（笑）。

今、あの時の自分に会えるなら、耳元で「捨てるのは白いのだけにしなさい!!」と言いたい……。私は自分が悪い事は分かっていました。だから余計に何もかも消したくなって、上手く言えないけれど父への仕返しの気持ちも込めて、過去の日記帳をもあえて捨てたんだと思います。そして、投げ込まれた日記帳たちは、きっと程なくして土に返り、私の思い出も池のドロと化したわけです（涙）。私の思春期の最大の残念エピソードです。それ以来、父とは想像通りの気まずい関係でした。まぁいくら心配だったとは言え、カギ付き日記帳のカギをこっそり開けて盗み見は良くないですが、親となった今なら、その気持ちも解らなくもないけれど……。そんな父を許してあげられないまま、父は亡くなってしまいました。晩年の父に、優しい笑顔を一度も見せてあげなかった事は、今でも、私の人生で最大の後悔としてこの胸に深く残っています。ごめんなさい。

田園調布は今でも大好きな街です。宝来公園も今でも大好きで幼い頃の子供達を連れて、何度も遊びに来ました。そして、池を見るたびにこのエピソードが頭をぐるぐるします。その反動か、子供達が小さい頃に付けていた日記帳は何かのキッカケで勢い余って池にでも捨てられちゃ大変……とクリアケースにきちんとしまってあります。大人になって親になった時にでも、お酒を飲みながら、幼少時代の日記を読み返したら楽しいだろうなぁ……。コレ誰だっけ!? こんな事あったっけ!? こんな所行ったっけ……!? そして、親の愛を感じる事とと思います。私に出来なかった素敵な経験を、子供達にはしてほしいなぁと思います。

最後に読者の皆様、人間の本能に打ち勝つのは大変難しい事ですよね。我慢できなかったバージョンの結末が今回のストーリーです。皆さんも気を付けて下さいネ（笑）。

STORY 15

母が教えてくれた事

毎年毎年、自粛していようがジャンジャン活動していようが、とにかく年末には必ず今年もあっという間だったなぁ～って思うって、いったいどういう事なんでしょうね……。今年は長かったなぁ～なんて人いるんでしょうかね?? 聞いた事ないですネ（笑）。

さて、私の2022年は、親しい方や、仲良しのお父様お母様が亡くなるという悲しいニュースの多い1年でした。同世代のご両親ですから、ある意味大往生とも言えますし、友人達の見事な送り出しぶりに、涙と同時に拍手を送りたいとさえ思った事も少なくありませんでした。

自身の幸せな、立派に成長した姿を見せて、今までの感謝を沢山して、心配ないからねと伝える。私の母は、若くして闘病の末に亡くなってしまい、当然私もまだ若く、子育てに一番忙しい時代だったので、最後の親孝行としては、もっとしてあげられた事があったのではないか……と、心残りが大きく、友人達のその立派な姿がなおさら素晴らしく見えました。そして、子供の最後の親孝行が「死」の時であるなら、親の最後の仕事は我が子に「死」を教えるという事なんだと学びました。

母が亡くなったのは長男が5歳、下の娘が3歳、とにかく手のかかる頃で、危篤状態だった最後の3週間は、母の病室に毎晩泊まり、早朝、弟や弟のお嫁さんに付き添いを代わってもらい、一瞬帰宅。2人の子供のお弁当を作り、幼稚園に送って行き、そのまま旗の台にある昭和大学病院へ戻り、付き添い交代。仲良しのママ友が事情を知り、幼稚園のお迎えから夕飯まで子供達を面倒みて下さったり、皆さんに沢山ヘルプして頂きました。夜、子供達を迎えに行って自宅に連れて帰り、お風呂に入れて寝かし付けて、そしてまた病院に戻って朝まで母に付き添う……という毎日でした。

丁度、朝のお弁当づくりから幼稚園の送りの時間と、夜のお風呂、寝かし付けの時間が、仕事の前・仕事帰りの弟のタイミングと合い、ある意味いいローテーションで、母をひとりぼっちにする事はほとんどありませんでした。そんな生活が3週間。その時の母はもう、ろくにコミュニケーションも取れないし食べられない飲めない……きっと呼吸をしているだけで生きている実感などなかっただろうと思います。でも、何故母はそれを止めないのか。きっと苦しくて辛いだけだっただろうに……。

今思えばそれはきっと私と弟の為だけに、3週間という時間を生きてくれたんだと思います。その3週間は特別なものでした。そもそも子供達が一番手のかかる年頃でしたので、実家に子連れで泊まりに行っても慌ただしく、ゆっくり会話をするヒマは殆どありませんでした。そんな私と母があの3週間だけは静かに時間を過ごす事が出来たのです。

ある日は母もよく知っている私の親友ギタリストが、個室だった病室にアコースティックギター（通称アコギ）を持ってやってきて「香ちゃん、ママに歌ってあげなよ」と言いました。私は基本、母親にコンサートに来られるのも苦手なタイプで、とてもとても、歌を母の為に歌うなんて、恥ずかしくて無理……。

「そんな事言ってる場合じゃないでしょ（怒）」と親友に言われ、しぶしぶ、彼女の持ってきた昭和の歌謡曲の歌本（歌詞とコードが書いてある小冊子）を広げては「この曲は!?ママ好きかなぁ～?」とか言いながら小さな声で歌い、小さな音でアコギを弾いて、図らずも夜な夜なミニライブとなりました。その時歌った曲で印象に残っているのが「見上げてごらん夜の星を」です。変わった小節割りの曲だなぁ、でも美しい曲だなぁと思いながら、母が好きだと一度も聞いた記憶はありませんでしたが（笑）歌いました。

また、私と母はいわゆる仲良し親子ではなくて、ほら、よく居るじゃないですか、友達みたいな、とか、姉妹みたいな親子……そんな関係とは程遠く、いつも、いくつになっても私は母に叱られるダメな娘で、ホント亡くなる寸前まで私は母に怒られていました（笑）。

母は若かったので現役という事もありましたし、（これまでのエピソードからもお解りいただけるかと思いますが）なかなかやり手の母だったので、いくら危篤とはいえ、「お母さんありがとうね」「お母さんのお陰で幸せだったよ」「産んでくれてありがとう」なんて、素直に言える関係じゃなくて、そんなお決まりなセリフを言おうもんなら、「もっと気の利いた事言いなさい」って、危篤から目を醒ましてまた怒られそう……（笑）。

なので、私はある日、母に手紙を書こうと、桜の模様の上品なノートを買ってきました。母は桜が大好きな人で、実家はソメイヨシノ、八重桜、しだれ桜が順に咲き、そして母自身も桜が満開の4月に亡くなり、お墓は桜の名所にあります。そんな母のベッドの横で、静かに想い出をつづり、感謝をつづり、気づけばその手紙はノート1冊分の長い長い、母に贈った最初で最後の手紙となりました。恥ずかしくて言葉では言えないのであの世で読んでね、と。

そして、そんな生活も3週間になろうとしている頃、フッと思ったのです。これまで忙しさを理由に母の為に何もしてあげられなかった私に、その事を後悔させないように、『できる事を全部やった』と思えるように、3週間という時間を私にくれたんだ、と。

ある日の手紙に、「お母さん、この時間をありがとう。もう充分だよ、もう私は大丈夫だよ」と書きました。それから数日後、母は、仕事終わりの弟と私とが見守る中、静かに旅立っていきました。弟は、小さい頃から体が弱く、母を心配させ本当に手のかかる息子だったに違いありませんが、それを解ってか、「母さんありがとう」「幸せな人生をありがとう」「産んでくれてありがとう」「母さん！　母さん！」と、ドラマ張りに派手に悲しむ（息子あるあるらしいですネ）その横で、私は手すらちゃんと握ってあげられないまま、全て手紙に書いたからね、とただ心の中で静かに呟いたのでした。

母が亡くなった翌日は、我が子と甥っ子の入園式、入学式で、母の葬儀の準備と同時に新しい門出があり、沢山の仕事に追われたお陰で、私は前を向く事が出来ました。それは間違いなく『メソメソしてないで前に進みなさい』と、母が選んだ別れの日だったのだと思います。死ぬまで母は母でした。偉大な母でした。私も我が子にとって、こんな風でありたいと願うばかりです。

なんだか珍しくシリアスになってしまいましたが、そんな母が亡くなった後に私に教えてくれた、とても素敵な事も皆さんにご紹介しようと思います。

私が我が子に望む事、それは母が私に望む事

母が亡くなって10年程経った頃、小学校6年生になった娘と2人でロンドンへ旅行に出かけました。

子供が生まれる前は、ニューヨークやロンドンへ、暇さえあれば遊びに行っていました

が、子供が生まれてからは、行ってもハワイなど、リゾート地が多く、文化的な刺激を求めて外国へ行くなんて本当に久しぶりでした。

まず、ロンドンに知り合いが居た事と、娘が英語が大好きで海外にとても興味を持っていたのと、当時私が密かに観たいと思っていたミュージカル「ビューティフル」がロンドンで始まったので、よし!! 今だ!! とばかりに、、何十年ぶりかのロンドン旅行を決めたのでした。

そもそも私がロンドンに初めて行ったのは20代前半で、それはもう初めて目にする知らない文化に心ときめき、何を観ても何を食べても、「こんな世界があるんだーー!!!」と感激したものです。なので、その感動を娘にも味わせたくて、大好きだったマーケットや蚤の市、古着屋さんの並ぶストリートやミュージカル、美術館や博物館! もうつめ込めるだけつめ込んだロンドン旅行でした。

娘が感激する姿に20代の自分を重ねてノスタルジーに浸って感動……の予定が、現実はそうクールにはいかず、気付くと私の方がはしゃいでる感じで(笑)。そんな、娘に勝るとも劣らない勢いで日々を楽しんでいた私にピークが訪れたのは、ミュージカル「マンマ・ミーア!」を観ていた時でした。「マンマ・ミーア!」はロンドン発のミュージカルで、始まったのは確か2000年ちょい前頃だったと思います。当時、プリンセス プリンセスが解散してソロになり、なんとなく音楽活動にもマンネリ感を覚え、しばらく仕事を休んで子供が欲しいなーと思っていた頃でした。プリンセス プリンセスが所属していた事務所の社長が、解散してもなおずっと可愛がって下さっていて、私がしばらく音楽を休んで子供を産みたいと考えている事を話すと、「それは女性として素晴らしい経験‼ とてもいい事‼ だけど、またいつか必ず音楽に戻ってきてね、約束だよ」とおっしゃいました。

満面の笑みを浮かべて約束を交わしたその社長に、ある日、「香！ ロンドンで凄いミュージカルが始まったから観に行こう‼」と誘われ、数日後には3泊5日の強行スケジュールでロンドンに居ました（笑）。そこで毎晩観たのが「マンマ・ミーア！」。その後日本でも、日本語で劇場公開が始まり、友人が出演していた事もあり、子供達と一緒に観に行った事もありました。小学校の頃からアバの曲が大好きだった私は、車でいつもサントラ盤を流していたので、子供達は自然と曲を全部覚え、セリフまで言えちゃう程でした。そんな風でしたので、娘も本場ロンドンで観る、耳馴染んだ「マンマ・ミーア！」は大喜びで、「コレがオリジナルかぁ‼」と大興奮でした。カーテンコールは観客総立ちで大合唱‼

……気づくと私は感動で涙がポロポロ出ていました。子育ても少し落ち着いてきたその頃、『若い頃は旅行に行ったり、ミュージカル観たり、異国文化に触れて心ときめいていたけど、お母さんになって毎日の生活も変わり、もう、音楽を聞いたり舞台を観たりして感激の涙を流す心は、どっかに置いてきちゃったのかなぁ……』なんて淋しく感じる事もあったので、ミュージカルに感動して涙がポロポロ出る自分に『私まだ、こういう心が残ってたんだ！』と、10倍も100倍も喜びがこみ上げて、もう叫び出したい程の気分になったのです。多分、横で号泣しながら大盛り上がりしている母を見て娘はびっくりした事と思いますが（笑）、そんな体裁を気にする余裕もない位、私は歓喜に震えていたのでした。

楽しかったロンドン旅行の帰り道、飛行機の中で旅のおさらいをしていました。

……と、その時思ったんです。私はまだまだ沢山感動したり感激の涙を流せるんだ!! そんな気持ち、どっかに忘れてきたりなんてしてないんだ!! 子供がいたって感激して泣いていいんだ!! 子供がいたってお母さんだって感動していいんだ!! 私は我が子に幸せになってほしい。感動や感激をいっぱいして、毎日をなるべく楽しく過ごして、色鮮やかで豊かな人生を送ってほしい。死ぬ時に『あー、楽しい人生だったー』って思ってくれたら、こんなに嬉しい事はない!! ……て事は……私も母の娘。40だろうが50だろうが、子供が居ようが、母がもうこの世に居なかろうが、それでも私は母の娘。ならば母も同じ事を私に願ってるに違いないんじゃないか⁉　香がなるべく楽しく毎日を過ごして、いっぱい感動していっぱい感激の涙を流して、色鮮やかで豊かな人生を送ってほしいって絶対思ってるんだ！　あの世で絶対そう望んでるハズ‼　よし‼　この先の人生、全力で楽しもう！　全力で感動や感激を手に入れよう！　それが母の望みであり母の幸せなんだ‼　母の為にも娘の私は幸せでいなくっちゃ‼　って。

『私が我が子に望む事、それは母が私に望む事』

そう思ったら、まだまだいっぱい感動しなくちゃ‼　って思えたんです。

母親って、自分が（自分だけが）美味しい物を食べたり、楽しい事をしたりすると、心のどこかで罪悪感をちょっぴり感じたりするもんですよね、お母さんだけゴメンね……みたいな。そーいう考え、ナシにしました‼　お母さんが幸せな想いをしたなら、子供にも同じように、いや、もっとそれ以上の幸せを与えてあげればいいんだ！　そう思えるようになったんです‼。

そんな想いを歌にしたのが「ＤＲＥＡＭ」です。興味がお有りの方は是非「ＤＲＥＡＭ」聴いてみて下さいね。私から世の「お母さん」へのメッセージです‼

今回は、私が母に教わった、1人で胸にしまっておくにはあまりに勿体ないストーリーを皆さんとシェアしてみました。

STORY 16

焼き鳥 彦一

東急東横線の学芸大学駅。特別大きな駅でもないですが、私にとってこの学芸大学駅は沢山のストーリーが詰まった、大切な駅です。改札を右に出て、すぐの小道を右に入っていくと、右手に小さな焼き鳥屋さん、「彦一」がありました。

カウンターがL字型になっていて、12〜13人も入れば満席の、細長い小さなお店でした。公にお酒が飲めるようになってすぐの頃、同じ事務所の先輩バンド、「レベッカ」のキーボードの土橋さんに連れて行ってもらったのが最初でした。「香、美味しい焼き鳥食べに行くぞ!」大先輩に誘われてくっついて行ったのです。土橋さんは常連客だったようで、私もすぐに顔を覚えてもらい、通うようになりました。

お父さんとお母さんが2人で仲良く、時に口喧嘩をしながら(笑)細長い調理場の奥でお父さんが焼き鳥を焼き、手前側でお母さんが、おにぎりや炒め物のお料理をしていました。自家製明太子を作ったり、夏にはきゅうりと大根の糠漬け、冬は白菜を漬けて、お漬物が変わると、あ〜季節が変わったんだなー、と感じていたものでした。

20代、30代前半は、本当に常連さんです！　と胸を張れるぐらい通っていました。もしかしたら、私の55年の人生の中で最も回数通ったお店かも……いや絶対そうですネ、あんなに通いつめたお店は後にも先にも「彦一」だけです。

メニューは至って普通の焼き鳥屋さん。でも、お父さんお母さんが熊本の方で、焼き物以外の自慢のメニューは「馬刺し」で、私は馬肉は食べられないので、実は食べた事はないのですが、数多くの私が連れて行った友人知人スタッフ……馬肉好きの人は皆さん「さすが熊本の馬刺し!!」と言って食べていました。そしてその馬肉の一部と（よく分からないですが、いわゆるモツと）大根やこんにゃくとをグツグツした「煮込み」も看板メニューで、大人気でした。……が、私は当時モツも苦手で（笑）……最初は友人知人の注文するモツ煮込みのコンニャクや大根をちょっとつまんでみては「味は美味しい～♡」と思っていましたが、10年以上通う間にいつの間にか食べるようになっていました（笑）。

さて、焼き鳥屋さんですから、主役は串です!!　私のイチオシは「つくね」でした。どうしてなのか、理由を何度もお父さんが説明してくれましたが、だいたい酔っぱらっていたのであまり覚えていないのですが、とにかくふわっふわでまん丸で大きなつくね……本当に本当に大好きでした。まず1本目はつくね。いつの日か「ニラ入りつくね」が登場していましたが、プレーンもニラ入りもどちらも甲乙つけ難い最高のつくねでした。あー食べたい（涙）。

私の2本目はレバー（ウェルダンで）です。基本レバーは苦手で（なんだか大好きなお店の割に苦手ばかりですネ……笑）他ではほとんど食べなかったのですが、ある日お父さんが美味しいよって言うもんで、「じゃ、よーく焼いてネ」とお願いして食べてみると、モフモフしてとても美味しく感じたのです！　そこからここぞとばかり栄養とるぞー！といつもレバーを塩でウェルダンで注文していました。他のお客さんは、きっと皆さんレアのプリッとしたレバーがお好きだったんでしょうけど、私のレバーだけは特別仕様でした！　ここで焼き鳥好きだと砂ぎもやハツなどにいくのでしょうが、ホント書きにくいのですが、砂ぎももハツもあまり得意ではなくて……（笑）。

私の3本目はいつも「ナンコツ」。コレがいい塩梅でお肉が付いていて、あの絶妙なバランスは、未だかつて他の焼き鳥屋さんで出会った事がありません。お父さんこだわりのバランスだったんだと思います。よーくそのこだわりを語ってくれました。そして、このお店は串の1本1本が大きくて、3本食べてビールをジョッキ（これが冷凍庫でキンキンに凍ったジョッキで出てくるんです！）2杯も飲むと、一旦休憩しておしゃべりでもしないと、次が食べられません。焼き鳥のお皿に添えられてくるおかわり自由のキャベツ（と、何やらサッパリしてとても美味しいドレッシング）をつまみながら、日本酒や焼酎に移ります。気分で日本酒の日もあれば、ボトルキープ（常連の友人と連名で入れて、ボトル飲み干した方が次のボトルを入れるルール！）してある焼酎にキュウリの輪切りを入れてロックで飲むのがお気に入りでした。キュウリ嫌いの人は倒れそうでしょうけど（笑）。コレが、何故だかメロンの香りがして、凄くサッパリして塩味の焼き鳥と相性バッグンでした。

そうそう、ある時一緒にレコーディングをしていた（私が曲を提供してプロデュースをした）森口博子ちゃんを連れていった時の事です。彼女は福岡の子なんですが、その焼き鳥と一緒にやってきたキャベツを見て、「懐かしい!!! お父さんお母さん九州の方ですか!?」と叫んだのです。「九州の焼き鳥屋さんは必ずこのキャベツ（生のキャベツをただザク切りにしただけ）にドレッシングかかって出てくるんですよ！ 懐かしいーー!!!」と盛り上がっていました。なんかいいなぁ～田舎のない東京っ子の私にはちょっと羨ましい瞬間でした。

さて、脱線しましたが次のメニューにいくと……私がよく次に注文していたのは「銀杏」です。カラ付きのまま、割れ目を入れて焼かれたアツアツの可愛い銀杏を必死に剝き、お皿の端っこに盛ってあるお塩をチョンチョンして食べます。おしゃべりしながらカラを剝いてチョンチョンする……なんとも丁度良いおツマミでした。お腹がすいている日はここで、「野菜炒め」や「豚キムチ炒め」「豚ナンコツ炒め」などにいきます。このナンコツは、串のナンコツとは形状が違い、コリコリしていて、玉ねぎなどの野菜と一緒に炒められていて、これもチビチビつまむのに最高でした。
どっぷり飲みたい時は「お母さん手作りの自家製明太子‼」。全然しょっぱくなくて、なめなめしながら日本酒……は最高でした。本当に本当に美味しい明太子でした。あー今でもお母さんの味が、口の中に蘇ってくるようです！
因みにこれぐらいになると、当然ビールも2杯は飲んでるし（夏はもっと！）トイレに行きたくなります。これが、トイレが一番奥にあるので、入口近くの席に座ると全お客さんの背後を通って「あ、すいません」とか言いながらトイレに行く事になるのですが、L字型のカウンターなので、お客さんの顔を見渡す事は簡単で……いつの間にか、なんとなくよく見るお客さんと、いわゆる顔見知りになり、「あらどーもー」とか言いながらトイレに行くのも悪くない感じでした。昭和な感じ⁉（笑）
私もそもそもレベッカの土橋さんに連れて来てもらったのが最初でしたが、バンド全盛時代とでも言いましょうか、世間はバンドブームだったので、ミュージシャンがミュージシャン仲間を連れてきたり、又、近くに大手音楽事務所があり、音楽業界のスタッフやバンドマンの出入りがとても多い時期がありました。ガラッと入口を開けると、たまたま偶然いくつものバンドのメンバーが、それぞれ友人知人と飲んでいた事もよくありました。そんな時は、あえて挨拶せずに席に座り、トイレに立った時に「あー、どーもー、プリプリで〜す」「あ！　どーもー、B'zでーす」とか、「おや！　ジュンスカじゃーないですか!!」「おや！　プリプリじゃーないですか!!」などとオチャメに挨拶を交しながらトイレに行ったりしていました（笑）。

カウンターのみのお店だけに、あまり大人数で行くお客さんは居なかったので、そのプライベート感と、一応挨拶ぐらいはね、のバランスがとても良い店で、例え偶然居合わせた友人でも、合流して一緒に飲む事はあまりない、それぞれが一緒に来た友人知人と密に飲むのを楽しむようなお店でした。

お父さんお母さんは絶妙なタイミングで話しかけたりかけなかったり……。深刻な話をしてるのか、どーでも良い話をしてるのか、見りゃ一発なんでしょうね。話したい時はいつも必ず話しかけてくれて、仕事の話などで、それどころじゃない時はたったの一度も話しかけられた記憶はありません。プロだったんだなーと今、書いてて思います。

こんなエピソードもありました。私が20代前半の頃は、まだ携帯電話がなく、飲みに行く時は、必ず母に「〇〇の店に××さんと一緒に行く」と伝えなくてはいけませんでした。　午前0時近くまで飲んだくれていると、ナント母から店に電話があり（彦一にはカウンターの真中にピンク電話がありました）「香ちゃん、お母さんからよ〜」とよーく電話をつないでもらいました。うちの母のスゴイところは、例えばスタッフの〇〇さんと2

人で飲んでると言うと、その人と替われって言うんです。「お世話になります」と母は挨拶。その後必ず「申し訳ないんですが、1人でタクシーに乗せるのが心配なんで、出来たら送ってもらえませんでしょうか⁉」って言うんですヨ！　普通男性スタッフだったら逆に「何かあってもいけないから1人でちゃんとタクシーで帰ってきなさい」と言われるのがポピュラーかと思うのですが、うちの母は「家までタクシーで送ってください」って言うんですヨ。びっくりですよね（笑）。どうやら母は1人でタクシーに乗って嫌な思いをした事や怖い思いをした事があったようで、よくタクシーには1人で乗るなって言っていましたが、散々飲んで家まで送ってくれって言われる友人知人、スタッフ……みんな内心『え〜⁉　まじ⁉』と思ったに違いありません。もちろん、年下の後輩などには言いませんでしたヨ、でも年上の友人、スタッフには、よーくお願いしていました。しまいに、頻繁に飲む相手は、家までタクシーで送ってくれた上に母に挨拶までして帰っていましたよ、きっと、ちょっと迷惑な母でした（笑）。

さて、またまた話がそれましたが、メニューに戻りましょう。そろそろベロベロですからシメないと、ですね（笑）。大人気は「しぐれのおにぎり」「おじや」でした。しぐれのおにぎりは、あさりのつくだ煮のおにぎり。程よく小さめ1個をお母さんが握ってくれます。おじやは玉子のおじや、飲んだ後には本当に最高の一品でした。お米の気分じゃない時は、私は「うずらの玉子」の串や、最後に再びつくねでシメたり。お父さんが美味しい焼き鳥屋は実は手羽先が美味いんだ！　と口ぐせのように言っていたので、時間をかけて焼いた塩の効いた手羽先も、最後の一品に本当によく食べました。

裏メニューもありました。お父さん自慢の「皮」です。丁寧に丁寧に下処理をして、無駄な油（脂肪）をキレイに落として、ゆっくりカリカリに焼いた皮。下処理に時間と手間がかかるので、1日に沢山仕込めず、気付くとメニューから姿を消していて、「アレ⁉お父さん皮は⁉」と聞くとコソコソ声で、「皮はね、下処理が大変で一日ちょっとしか仕込めないなから メニューから外したんだけど……香ちゃん食べたい⁉」「もちろん食べたいよー！」……てな感じで皮ファンの、常連さんにはコッソリ出していたようで、しまいに「来る前一本電話ちょうだい、皮仕込んどくから‼」ってな具合で、人気の裏メニューとなっていたようです。

海外から帰ってきて、彦一恋しいモードになっている時、たとえ仕事の終わりが本来の閉店時間の午前0時近くでも「片付けしながらで良ければいいよ、おいで」と言ってくれて、お父さんお母さんがお店ののれんをしまって片付けしている中で恋しい彦一を味わったり、仕事がちょっとキツい時に、「焼き鳥食べておいしいお酒飲んでリラックスして、また明日頑張ればいーんだよ～」なんて言ってもらうと、ホント泣きそうでした。

そして、そろそろもう帰んなさいの合図は、お味噌汁。お母さんが、黙ってササッと作ってお味噌汁を出してくれて、「ハイ、これ飲んで帰りなさい〜」と言ってくれるんです。なんか、本当に「お母さん」でした。みんなのお母さん。

プリプリのコンサートに御家族でご招待した時もありました。日曜日、お店がお休みの日にコンサートがあり、「たまには酔っぱらいじゃない所も見て〜」とご招待したら、なんとつくねをスタッフ楽屋とメンバー楽屋に、合わせて100本ぐらい焼いて来てくれて……せっかくのお休みの日に申し訳ない事したなー……と思いましたが、スタッフはもう大喜びで「ビール飲みてー」とか言いながらみんなつくねをほおばっていました。最高の差し入れでした。

今になって思えば、小さなお店ですから、会話だって聞こえちゃうし、顔だってバッチリ見えます。きっと私だけではなく、仕事で疲れて彦一に立ち寄って、大切な時間を過ごしているお客さんの1人1人のリラックスを最優先してくれていて、時にはお店を覗いてみた一見さんを「今日はもう予約いっぱいで……すみませんねー」とかお断りしている姿や、お父さんがちゃんとお店のお客さん1人1人の事情を理解して守ってくれてる感じがひしひしと伝わっていました。お父さんの愛にあふれた店、焼き鳥彦一だったなぁ。胸がキューンとします。

その彦一は、数年前、閉店となりました。ご高齢のお父さんお母さんが引退して、息子さん夫婦が後を継いでいました。その時も何度も足を運びました。私よりちょっと年上の息子さんでした。その2代目彦一もついに閉店。

今はもうない、学芸大学駅のすぐ側の焼き鳥彦一。私の人生で一番慌ただしく駆け抜けていった20代30代。ゆっくり心を休めて美味しいお酒と焼き鳥とおしゃべりを楽しめた、人生で一番通った大切な思い出のお店。きっと生涯、彦一を超えるお店は現れないと思います。何故なら、そこには店と常連客の関係だけではなく、心の繋がりがあったからですね。彦一は、一生大切な私の焼き鳥屋さんです!! お父さんとお母さん、改めて沢山の思い出をありがとうございました。

人生初の挫折

学芸大学駅には、実は他にも学生時代のいくつかのストーリーがあります。

まず小学生の頃は、学芸大学駅から歩いて目黒区立守屋図書館によく行っていました。私は本を借りたり返したりする事が凄く苦手で、本は自分のもの、でも一回読んだら別の友達に気軽に貸して、たとえ返って来なくてもあまり気にしない……というタイプで、だから図書館というシステムは体質に合わなかったはずなのですが、何故か嫌いじゃありませんでした。なんででしょうネ……自分でも不思議ですが小・中学校の頃はよーく図書館をウロウロしていました。

気になる本を借りると期日までに返さなくてはいけないので（↑コレが苦手）その場で、図書館の机で読んでいました。読みたい本を取ってきて机で読んで途中でもそのまま返却し、また次の時その続きを読むんです。たまに誰かが私の読みかけの本を借りてしまうと、いざ続きを読もうと思ったときに、その本は本棚にはない訳で……よくプンプンしていましたネ（笑）。私がプンプンする筋合いじゃないんですけどネ（笑）。

あと、探し物や調べものをするのは好きでした。『図書館行けばなんとかなる』って考えが常にあって、家ではどうにも前に進まない宿題や、やる気のしない課題は、まずは取り敢えず図書館行くか！　って感じでした。結果、想定外の方向に脱線したとしても、何かは見付けられるのが図書館だったからです。

夏は涼しく冬は暖かくて、お昼寝にも最適でしたし（笑）、友達と待ち合わせして私語禁止の図書館でコソコソ筆談するのも、なんともスリリングで好きでした。図書館独特の本の匂いと、カリカリと響くエンピツの音も心地よくて好きでした。そして、何もしなくても、図書館に行っていた、という満足感と、帰りの買い食いの正当化!!　3時間ずっと図書館で調べものしてたらお腹すいちゃって……は、親に買い食いを注意されない、これ以上ない言い訳でもありました。なので、守屋図書館の帰り道は、同行していた友人と学芸大学の駅まで延々と歩いて、駅前のマクドナルドでポテトやハンバーガーを食べながら、図書館に居た時間と同じかそれ以上に、延々と居座っておしゃべりをしていた気がします。あ、因みにですが、プリンセス プリンセスの前身、「赤坂小町」のオーディションの際にも、赤いベースのソフトケースを背中に背負って、「図書館行ってきまーす！」と言って家を出てオーディションに行った私でした……。今思えばバレバレ……（笑）。きっと両親は、勉強の目的で図書館に行っている訳ではないって事は、解っていたでしょうネ。

そんな守屋図書館へ繋がる学芸大学駅は、実は私の人生最初の挫折を味わった、苦い思い出の駅でもあるのです。

私は以前も書きましたように、附属校に通っていたのですが、訳あって高校が初めての本格的な受験となりました。同じ系列の４つの中学校の生徒全員が、たった１つしかない高校を目指して受験してくるという、なんとも過酷な高校受験事情。内部進学とは言え、とんでもなく狭き門で、今考えれば、「ちっとも附属じゃないじゃん（怒）」って感じでした。とにかく中学校に上がると、全員その１つしかない高校に入る為に必死に勉強し、不合格くらった子は外の私立高校や都立高校を受験するという、キビシイ世界でした。因みに私の通っていた附属の世田谷校は４校の中でも最も高校への合格率が高いと言われていて、

3分の1～半数程の生徒が合格していました。

えっと……私はと言うと……中学ですっかり音楽にのめり込み、勉強そっちのけで全力でバンド活動。文化祭ではいくつものバンドを掛け持ちして、半ばヒーロー気分でしたが、お勉強の方はあまり自慢できるような成績ではありませんでした、いや、正直言うと、下から数えたほうが早い感じでした（笑）。

そんな私でしたが、中学校時代はバンドに明け暮れつつも一応塾にも通い、何故か塾でだけは成績もよく（嘘じゃありません、笑）小学校受験はガラポンで合格を勝ち取ったので、自称〝運だけは持っているタイプ！〟で（まぁでも同級生全員ガラポンで通った子達なので、そういう意味じゃ全員運持ちなんですけどネ……笑）、最後の最後には、その運の良さを発揮して、間違って合格しちゃった～（ピース）なんてなるんじゃないかなーと、アホみたいな甘い考えを持っていました。

中3になると年4回ある、内部進学用の重要なテストでどんなにドン底の点数だろうが、先生に外部受験の準備をしっかりしておくように忠告されようが、世の中学生がそうであるように、私も漏れなく、根拠のない自信に満ち溢れていてました。

1983年の1月末日、一般受験の前に、内部進学生の受験日がありました。クラスメイトと、全く会った事のない同じ系列の3つの中学校の生徒達と、決められた受験番号の席に座り、一般入試と同様にテストは行われました。当時の私の一番の仲良しは、図書館仲間でもあり、もの凄いスピードで本を読める子で、授業中に机の下で好きな本をパラパラめくっていたと思ったら、一冊読み終えてるような、一風変わった子でした。とても頭の回転が早い子だったと記憶しています。

テストが終わるとその日も彼女と一緒に帰路につきました。テストの出来についての会話は全く覚えていないのですが、彼女は「もし私が合格したらビッグマックでも何でもおごってあげる！」と言うのです。「えー!!」。中学生にはビッグマックをおごってもらうなんて、そんなスペシャルな事!!! って感じで、私は自分の合否よりもビッグマックに心ときめいていました（笑）。

そして発表の日……忘れもしない2月17日。なんと偶然、その日は私の15歳の誕生日。午前中、合否が掲示されるのを、受験生全員、受験票を握りしめて見に行きました。

私の番号はありませんでした……。

そりゃ、普通に考えて、あの成績では、いくら運が良くても、いくら誕生日で神様から特別なプレゼントがあったとしても……やっぱり不合格で当然……でしたが、人生で初めての『叶わなかった夢』『届かなかった願い』は、15歳の少女には、とても受け入れ難い現実でした。更にヒドイ話で、合否を確認した生徒は中学校に戻り、合格した子は講堂へ、不合格の子は体育館へと別々の場所に集まり、次なる指示を待つ……。一緒に校門をくぐり、そこから運命の示した方へとそれぞれ進むのでした。中学生の子供になんて酷い分かれ道……。人生初の挫折に、思いのほか大ダメージを受けた私は、その運命の分かれ道に立つ事すら出来ず、「奥居さん不合格ですって言っといて」と、その辺の不合格仲間をつかまえて、そう伝言して帰宅しました。

学芸大学駅から東急東横線に乗りました。紙切れ同様となった受験票をぐちゃぐちゃに握りしめ、空いた席に座っていると、ポロポロと涙が出てきました。決して泣く程に努力をしたとは言えない私でしたが、やっぱり不合格という事実は、私の心を打ちのめしたのでしょう。車内の多くの人が私の事情を一目で理解したに違いありません。言い訳のようですが、その夜、本当に、私は熱を出しました。知恵熱ならぬショック熱です（笑）。次の日から私立高校の受験が始まり、仕方なく私は事前に出願していた私立高校の入試を受けに行きました。

どん底に突き落とされた15歳のハート、奮い立たせてエネルギーになるどころか、どっぷり身も心も落ちたままテストに向かいました。しかも、1時間目のテストは得意の数学。ところが心のダメージのせいか体調不良のせいか、テスト開始間もなくお腹が痛くなり、テスト時間中ずっと鳥肌立ちっぱなしで、正直計算どころじゃありませんでした（笑）。

今思えばトイレに行けばいいのに、若きティーンのハートは「トイレに行っていいですか!?」が異常なまでに恥ずかしく、更には『カンニングしてると誤解されたらどうしよう……』が勝ってしまい、結局、約1時間もの間、定期的に襲って来る腹痛に耐え、鳥肌立ちっぱなしのまま数学の難問を解くハメになりました。

もうこれ以上ないどん底の、底の底の気分で帰宅すると、なんと、玄関の前にマクドナルドの紙袋が。「がんばってね」とカードが添えられ、袋の中にはビッグマック。仲良しの子が約束通りビッグマックを届けてくれていたのです。そこから少しずつ現実を受け入れながら、何とか私の高校受験は終わりました。結果として、行きたかった高校には不合格。最悪のストーリー展開となりました。でも、あの挫折がなければ、今の私は全く違う人生だったはずです。

その翌年、プリプリの前身「赤坂小町」のオーディションを受ける事になった訳ですが、それもあの挫折と直結していて、もしも間違って附属の高校に合格していたら、私は絶対にオーディションを受けなかったでしょう。私のあの人生最初の大きな挫折は、図らずも私の人生最大の成功「プリンセス プリンセス」へと繋がった訳です。人生は本当に分からないものですよね。東横線の車内でポロポロ泣いていた15歳の私に「これは素晴らしい人生の始まりだよ」と伝えてあげたいな~と思います。

STORY 17

オバンデレラ

私は広尾という街が大好きです。もしかしたら、東京で今、一番好きな街かもしれません。古くは学生時代の友人が広尾に住んでいたり、初めて学校以外の繋がりでアマチュアバンドを組んだ仲間達も広尾近辺の子達で、よくベースのソフトケースを背負って広尾駅辺りをウロウロしていました。子供達が小さい頃はわざわざ車で出かけていって、有栖川宮記念公園へ行き、31アイスクリームを食べて……そうそう、息子（現在20歳）が小１の時の夏休みの自由研究は有栖川宮記念公園で拾い集めた蝉の抜け殻で（２００〜３００個収集）、割り箸と木工用ボンドを使って『蝉の抜け殻ハウス』なる作品を作って提出！多くの保護者に気味悪がられました（笑）。

プリプリ時代の思い出もあります。まだ初期の『プリンセス プリンセス』というバンド名が付く前の冴えない時代、歩いて有栖川宮記念公園をぐるりと半周した辺りにあった地下のスタジオで私達は、毎日毎日練習していました。今では跡形もなくなってしまいましたが、グラウンドの向かいにそのスタジオは確かにありました。

現在ではナショナル麻布スーパーが大好きで、わざわざ車で買い物に行きます。そして何より長男同士が同じ年で、小学校受験の試験会場でバッタリ会った事がキッカケで知り合い、一瞬で仲良くなり、子供達の成長を一緒に悩み、相談し合いながらこの10数年を過ごしてきた親友の木佐彩子が住んでいる為、とにかく遊びに行く機会が激増し、今では自分の家のあるホームタウンの次に馴染みのある町となっています。何がそんなに好きなのか、うまく説明できませんが、磁場が合う感じなんですよね。前置きが長くなりましたが、今回はこの大好きな広尾について書こうと思います。

以前、広尾の駅から有栖川宮記念公園に向かう通りの、今はなきマクドナルドを越えて、ナショナル麻布スーパーの交差点の少し手前の地下に『クリオーゾ』というイタリアンレストランがありました。数年前に閉店してしまい、今では全く別の店になってしまいましたが、今から7、8年程前から通い始め、閉店するまでの数年間で一体何十回、何百回……は大袈裟かもしれませんが、ホントに100回以上は通ったかもしれない、私達は本物の『常連さん』でした。地下のこぢんまりしたお店で、カウンターでシェフがお料理を作るのを眺めながら、シャンパンと生ハム（コレが店内でスライスしていて、薄〜くて塩っぽくなくて、今でもあれ以上の生ハムに出会った事がない程の美味しさ!!）を食べるのも最高だったし、ドアを閉めれば個室になるテーブル席でゆっくりと、ベラベラお喋りをしながら飲むのも大好きでした。お店のスタッフもみんな最高で、私達が最後のお客さんになると一緒にビールやシャンパンを飲んだりして、お１人様が苦手な私でも１人で行けた唯一のお店でした。

そのクリオーゾに、木佐彩子と一番通っていたのは、お互いの子供が中学生になった頃。子供達は部活や塾通いの時間が増えて大忙し。さすがに送り迎えもいらなくなると母親の仕事って割と無いんですヨ。まぁ我が子が塾で頑張って勉強している間に飲みに行くなんて、不謹慎という考えもありますが、私達は『母親業をサボって飲みに行く訳じゃないし、家で１人でビール飲んで子供の帰宅を待っているなら、待ってるその時間、サクッと母も外でリフレッシュ！　そして子供の帰宅前に家に帰り、ゴキゲンで子供達を迎えた方がどちらもＨａｐｐｙで良くない!?』とものすごく自分達を正統化（笑）。17時頃に店で待ち合わせ、まるで早送りしているかのように飲んで喋って笑って、そしてパッと解散する……というのが当時の飲み方でした。

いつの日か、その飲み会に名前が付き、「ねぇ、今日オバンデレラどぉ？」なんて誘い合うようになりました。オバンデレラ……独身の頃なら12時過ぎまで飲む事なんて日常でしたが、子供が居るとそれは皆無。しかしながら、17時～18時半の時間帯なら「オバさんシンデレラも舞踏会に行けるのよ～!!」って感じで、オバンデレラなんて名前をつけて『飲みに行かない⁉』って言うより少し罪悪感が少ないからでしょうか……（笑）。多い時は週2〜3回の時もあるぐらい、ほんの少しの時間を見つけては、私達はオバンデレラを楽しみ、屋根裏部屋（自宅での日常）に戻ると、何事もなかった顔で食事を出し（ちゃんと仕込んですぐ出せるように抜かりなく用意して出かけていました‼）、ちゃっかりストレスも発散して。

特に思春期の子供相手にケンカしたり、揉め事があった時などは、大好きなシャンパン片手に親友に話を聞いてもらえるだけで、随分多くの事が解決し、気持ちが楽になり、そして多少腹が立っていても優しくなれていたと思います。あまり威張って言う事じゃないかもしれないけれど……オバンデレラ、思春期相手の子育てママにはオススメします（笑）

では、そのオバンデレラのルールをご紹介しようと思います！

まず、オバンデレラは子供達の成長と共に少しずつ時間帯が変わっていきました。中学生の頃は17時〜18時半、遅くて19時半には解散、がスタンダードでしたが、高校生にもなると子供達の帰宅はもっと遅くなり、オバンデレラも18時過ぎから20時、21時とズレ込んでいきました。さらには私が２０１２年のプリプリ再結成をキッカケに少しずつ音楽活動を再開した為（正確には２０１４年に長男の中学受験があり、それを無事終えてからの本格的再開となりました）、仕事で遅くなる日も増えてきました。そうなると子供達は理由が仕事か否かではなく、単純に母親の帰宅が遅い事に慣れてきて、オマケに思春期真っ只中、なるべく母親の顔を見たくない年齢という事もあり、今だから白状しちゃうと、月に何度も、ちょっっとだけ仕事に尾ヒレをつけて1杯2杯飲んで帰る事がありました（笑）、例えば……地方のフェスやイベント帰り、東京に着いたのは19時過ぎだった場合、もう夕飯も用意して出てきているし、ひとりぼっちで留守番という訳でもなかったので、「お母さんまだ飛行機の中だから、帰るの10時過ぎかなぁ～」なんて電話を入れたり……まぁ飛行機の中から電話など出来る訳もなく、ちょっと半分冗談の可愛いウソ……のつもりでしたが（笑）。子供達は「どーぞーご心配なくーー」って感じで小うるさい母親の居ない時間を楽しんでいる風でもありましたし、私は私でゴキゲンで独身時代のような夜の飲み会をほんのつかの間、楽しんでいました。

そんな風に、少し遅くまで飲める状況になった頃、私と木佐彩子の間で、暗黙のルールが出来上がってきました。オバンデレラに罪悪感を持たない為のルールです！

1　飲んだ次の日は絶対寝坊しない
2　飲んだ次の日のお弁当は絶対手抜きしない
3　飲んでストレスを発散し、家に帰ったら、なるべく笑顔で子供達に優しくする私達はこう見えて、皆さんが思う以上に真面目に、本気でこのルールを守りました。飲んだ次の日に寝坊してしまっては、前日に飲んだオバンデレラが悪い事になってしまう。自分達だけ美味しいお酒を飲んで、次の日の子供達のお弁当が手抜きのひもじいお弁当だったら、自分達だけ美味しい思いをした事に罪悪感を感じてしまう。私達は『お母さんだって、ハッピーで笑顔でいた方が家族も幸せ!!』というモットーをただの飲んだくれ母さんの言い訳にしない為に、飲んだ日こそ優しく、飲んだ次の日こそ早起きして、一生懸命に美味しいお弁当を作りました。

今では15年近く続いたお弁当生活もすっかり終わり、朝5時半から起きて、キッチンでバタバタとする事もなくなりました。正直、お弁当しんどい～って思った日も、二日酔い気味で味見が出来ない日もありましたが、我ながら上手に息抜きをしながらオバンデレラのルールを守ってきました!

あの時代、広尾という町に通っていなかったら、オバンデレラは生まれず、少なくとも私の「お弁当ライフ」、「子育てライフ」は少し違っていたと思います。

大好きな広尾……これからもずっと大好きだよー!

さて、ナショナル麻布スーパーに買い物に行こうかなぁ～。

STORY 18

健康チェックフェチ

今回は慶應義塾大学病院の待合室で、このエッセイを書いています。あ、ご心配には及びませんので、ご安心下さいね。病院には居ますが大した事ではありません!!

さて、私は若い頃から、いつも元気で健康的なイメージと言われてきました。50代の今でも加齢による不具合は正直少なくありませんが、まぁ歳を取らない人は居ないので、当たり前の不自由と思えば、今でも年の割には元気で健康的なアラフィフなのかもしれません。健康な体に産んでくれた母に改めて感謝です。

そんな私ですが、実は本当のところは大の『病気ビビリ君』で、人間ドックや日々の定期健診など、医者の友人も苦笑いする程、キッチリキッチリ年間行事の一つに組み込まれていて、ちょっとでも異常が見つかるともう気分は大病人で、結果問題ありませんと言われても「先生、来年まで待たずに半年後にもう一度チェックに来た方が良いですか⁉」「いえ、1年後で充分です」と来院を断られるという……（笑）先生にしてみれば心配し過ぎの面倒な患者に違いありません。

人間ドックとは別に、胃腸、オッパイ、婦人科検診は、それぞれ専門の先生で、もう長年診て頂いて、婦人科の先生は、子供達の出産からお世話になっているので、もう20年以上のお付き合い、年に一度のご挨拶も兼ねての診察といった感じです。同じ年のお子さんを持つ、ご自身もお母様でいらっしゃる、人間としても尊敬する女医さんです。検診はほんの10分程度ですが、あとは子供達の成長の話や、この1年間の色々、世間話にも花が咲き……毎回1時間弱のお時間を取って頂いて、最後には「検査結果は問題あればお電話しますからね。今年もとりあえず安心してご活躍下さいね。また来年ね……」といった具合で、私のビビリ度合を本当に和らげて下さいます。

胃腸科の先生もオッパイの先生も同様に私のビビリ気質を理解して下さって、何か少しでも不安な材料があると、「心配しながら何カ月も過ごすの嫌だもんね。じゃ、○○の検査も安心の為にしておきましょうね」と先まわりして私の不安を解消して下さいます。感謝です、本当にこの場をお借りして、改めて感謝です!!　皆様もちゃんと定期的に健診に行かれていますか!?

実はこの数年、私はまた女の子達とバンドがやりたくなり、プリプリ解散後20年ぶりぐらいに女性ミュージシャン3人と新しいバンドを組んでライブやレコーディングで一緒

ミニアルバム「Unlock the girls 3 -STAY BLUE-」2021年2月17日リリース

に活動しています。3人は私より20歳程若く（「Diamonds」がリリースされた年に生まれた子達なんです！）まだ30代になったばかりなので、人間ドックはもちろん、定期的な健診などご縁がなくて当然な年頃。そんな彼女達が30歳の節目を迎えた時から、毎年、お誕生日のお祝いに〝健康診断〟をプレゼントするようになりました。偶然にも3人そろって3月生まれなので、3人いっぺんに連れて、ある年は胃腸、ある年は婦人科……そして今年はマンモグラフィーをプレゼントしました。昨今、30代でも周りで子宮頸ガンや乳ガンなど少なくないようで、やはりそんな話を耳にすると、いくら元気でピチピチの30代も少々不安にはなるものの、なかなか健診に行くにはハードルが高いようだったので、背中を押すには良いチャンス!!　と思ったのでした。胃腸、婦人科、オッパイ……と3年続いて健康診断のプレゼントだったので、来年はエステやネイルなど美容関係にしようかなぁ～なんても考えていますが、健診プレゼントもちょっと珍しくて良いものですよ！　仲間の健康は何より私も嬉しいし、いずれ自ら定期健診に行く、良いきっかけになってくれたら！　と。可愛い後輩や仲間には是非こんなプレゼント、オススメします。

果たせぬままの約束

　これでもかという程の健康チェックフェチな私ですが、こんなに健康に気を付けていても、数年に一度は寝込むような病気になります。そのほとんどはインフルエンザです。子供達がウイルスをもらってくると、もれなく看病している母にもとばっちりが来るもんですよね。そのインフルエンザ、思い当たる最後の感染は２０１６年の３月でした。プリンセス プリンセスの復興支援活動の締めくくり、ファンの皆様のチケット代が義援金となり、その義援金で建ったライブハウス『仙台ＰＩＴ』の柿落としライブの直後の事です。終演後の新幹線でみるみる体調が悪くなり、東京に着いた頃にはもう動けない程の怠さで、丸まったまま荷物のように自宅まで連れて帰ってもらいました。再結成の活動の最後という緊張感がインフルエンザの症状を抑えに抑えこんで、ライブが終了した途端に発症爆発という感じで、帰宅後、夜中には寝てもいられない程の体調不良に。過去に罹ったインフルエンザの中でも最も重症でした。

　翌日、慶應義塾大学病院の外来に命カラガラ辿り着いた私は、もう長イスに座って診察の順番を待っている事さえ辛く『きっととんでもない大病に違いない……このまま入院になるだろう……』とマネージャーに病院まで来てくれるようメールをしていました。そんな絶不調の私に、１人の女性が「あの……こんな所でナンですが、プリプリの奥居さん、岸谷香さんですよね……⁉」と声をかけてきました。私はもう「ハイ」と答えるのに精一杯で、ホントにこんな時にナンですヨ、と正直心の中で思っていました。ニコリとも出来ず、動く事も出来ず、ただその場に居ました。するとその女性は私と同年代で、確かお子さんも同じくらいで！　お仕事も持っていらして、同じように働く母として、今回のプリプリの復興支援の活動はとても感動で…と熱く思いを語って下さいました。が、絶不調の私は「ありがとうございます……」としか答えられずにいました。すると、女性はそれを察してか、「ここに居るって事は、具合が悪いんですよね……。お大事になさって下さいね」とその場を去って行きました。

ホントに私、具合が悪いんですヨ……だからここにこうして丸まって座ってるんですヨ……と、泣きたい気持ちになってきて、『あー何か飲みたい……けど売店まで行くガッツはない……マネージャー早く来てくれ〜』と心で叫んでいると、先程の女性がまたツカツカと私に近づいてきて、今度はなんと「もしかして、お辛い状況で、売店にも行けないんじゃないかと思って……」とその手にはポカリスエットと忘れもしない、小さな蒸しパンの入ったコンビニの袋を持っていて、それを私に差し出して下さいました。私は、本当に本当に有難くてそのポカリをゴクゴクとその方の目の前で飲みました。やっと水分が体中に行き届いた私は、「本当にありがとうございました、助かりました」とお礼を言うと、「辛い時はお互い様です。良かった。こんな時じゃなかったら握手してサインを頂きたいところですが、またどこかでお会いできた際には是非！」と言って、再び去って行きました。握手ぐらい、全然しても良かったのですが、自分がいったいどんな大病なのかも分からず、万が一、感染するような病気だったら大変なので、心から感謝して、その時は握手もせず、気持ちだけ、その方の後ろ姿に贈りました。しばらくすると、やっと順番が回って来て、結局「インフルエンザA型ですネ」とあまりに簡単に診察は終わり、お薬を頂いて、そんなタイミングでマネージャーも到着。何とか無事に家に帰る事が出来ました。

その後、元気になった私は、あの女性の方に、もう一度会って、お礼を言って、握手をしてサインをして体調絶不調で無愛想だった事も謝りたいな……と思いました。以前、自分のブログでこのエピソードを書いて、あの時の親切な女性の方、カラカラの私にポカリと蒸しパンを下さった女性の方、どうかこのブログを読んでいたらお知らせ下さいと呼びかけてみました。

ですが残念ながら、その方に巡り合う事は出来ませんでした。もしもあの時の親切な女性の方、もしももしも、このエッセイをお読みになっていたら、是非ともご連絡を下さい!!　お約束の握手とサインがずっと出来ないままです!!

子育ての1ページ

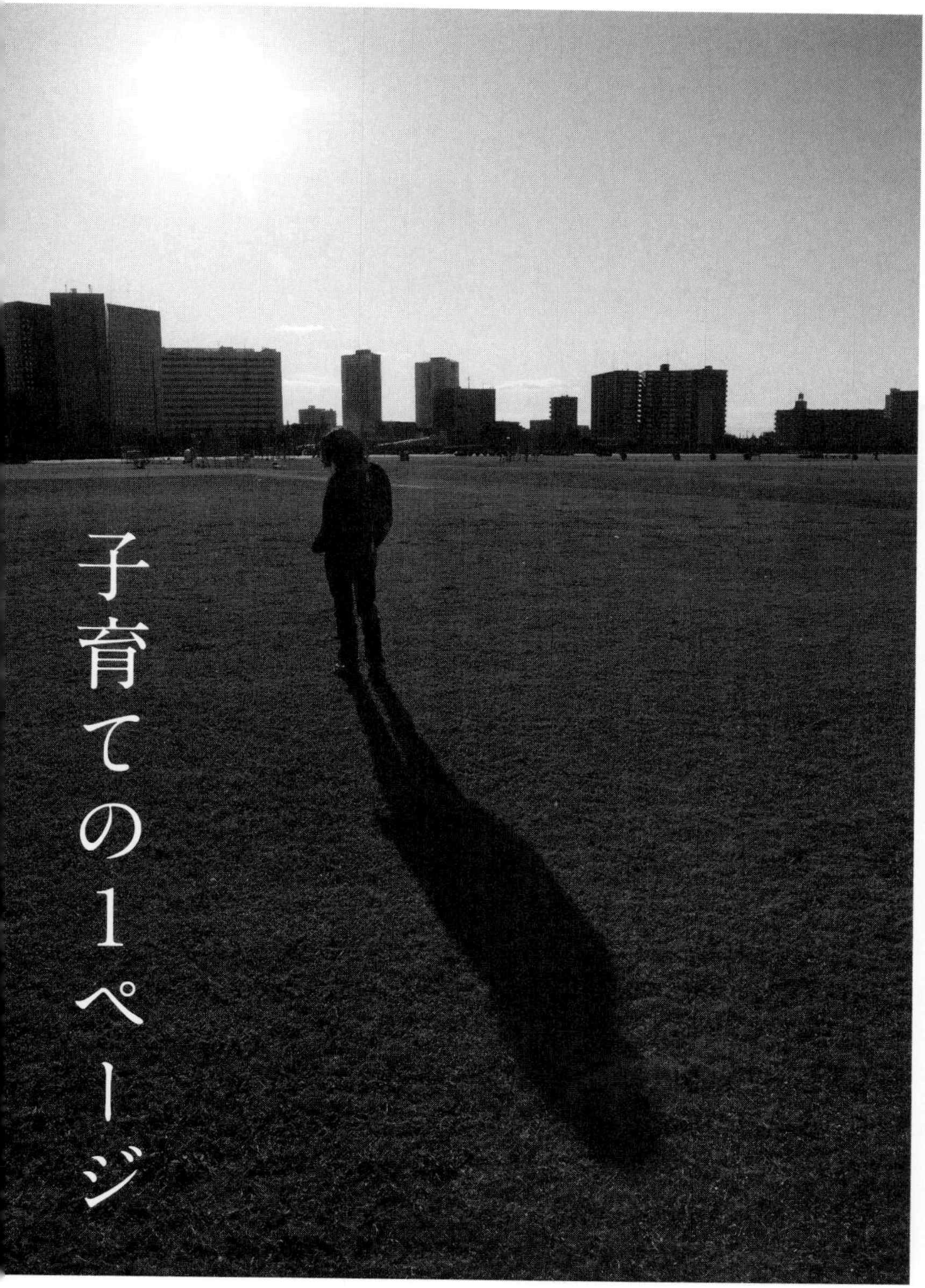

STORY19

母になった日

7月は私にとって想いの深い月です。2001年の7月7日、私は母になりました。あの日、聖路加国際病院の窓から見渡した真っ青な夏空を今でも鮮明に覚えています。怖いぐらいに美しい、ギラギラとした青空でした。

臨月に入った頃、ぼんやりテレビを見ていたら、お昼のワイドショーで何の話題だったかは全く覚えていませんが、突然、自分の名前が聞こえてきました。「奥居香さんが〜」と。どなたかが発した私の名前を聞いて、「あー、お腹の子が少し大きくなったら、お母さんは岸谷香なの？　奥居香なの？　と混乱するだろうな……」と思い、その場で当時のマネージャーに電話をかけ、「ね、そういえば私、もう奥居香じゃなくて岸谷香だよ、名前変えなきゃね」と伝えました。本当に単純に、普段は岸谷香なのになんで仕事の時は奥居香なの？　って、子供が不思議に思うだろう……ただそれだけの理由でした。

後々、プリンセス プリンセス再結成の時には〝名前を変えた〟という事実が相当衝撃的だったようで、どこへ行っても「働く女性にとって名前を変える事は大きな決断でしたよね」とか言われ、前記のように大した理由もなく変えてしまったので、ホントに困った……というか、大した理由じゃなくて申し訳ない気持ちにさえなった程でした。さすがに離婚したらどーするんですか⁉　とまでは聞かれませんでしたが、きっと「そこまで考えていませんでした」と答えてたんだろうな～（笑）。ま、妊婦の頃からもう、自分の事より子供がどうか……を考えていたって事ですネ。既に母親だったんだなぁと思います。

そんな私が長男、長女と出産し、毎日をひたすらに一生懸命に過ごしていたある日、夫に質問されました。「結婚する時に1つずつ、コレだけはお願いっていう事を発表し合ったの覚えてる?」と。確かにした！　した！　しましたね……。夫にお願いされた事は覚えていました。一応プライバシーを尊重して、ここでは発表するのは控えておきますが。で、自分は夫に何をお願いしたんだっけ??　どんなに考えても思い出せませんでした。そこで夫に聞いてビックリ!!　「例えばいつか、子供ができて母になっても、何があっても私から音楽だけは取り上げないで下さい!!」と言ったそうで……。そんな私が約10年もの

1996年6月結婚会見

間、ほぼ専業お母さんをやっていたなんて、夫にしてみればさぞかし『!?』だった事だろうと思います。でも本当に、そんな事を「これだけは!!!」と一番のお願いにしていた私が、ガマンした訳でもなく、諦めた訳でもなく、ただただ夢中で子育てをし、心はすっかり音楽を忘れてほぼ10年もの長い時を過ごしていたなんて、母親ってやっぱりスゴイ仕事なんだなぁ……と、改めて思います。

聖路加国際病院での人生初の出産は、予想を遥かに上回る難行でした。途中、思うように陣痛が進まず、お風呂に何度も入らされたり、鉄棒によく似たぶら下がり健康器みたいな器具にぶら下がったり、浮力や重力のチカラを借りながら必死に我が子との対面を待ちました。付き添ってくれていた母が、気付くと「ちょっとご飯食べてくるね」と言い、私は心の中で「またか!?」と叫んでいました（笑）。まぁ24時間以上陣痛と格闘していたので、そりゃ何回もご飯食べて当たり前だと今では思いますが、当時は「ご飯ばっかり食べてる（怒）」って思ってました（笑）。そんな母を横目に私はというと、陣痛の間食べたものはハーゲンダッツのアイスクリーム3個のみ。病院の売店に、ハーゲンダッツのカップのアイスクリームが売られていたので、食事に出た母に、帰りに買ってきてもらいました。味は「チェリーバニラ」。今ではもう全く見かけなくなりましたが、アメリカンチェリーのフレーバーで本当に美味しかった!!　正にお産の味!!　死ぬまでにどうかもう一度ハーゲンダッツのチェリーバニラを食べられますように……と時々思ったりします（笑）。

実はご飯ばっかり食べていた私の母ですが、私のお産の直前に、肺に癌が見つかり、治療を始める所でした。後から聞いた話ですが、主治医と治療計画を立てていた母は、娘のお産があるんで、最初の子なんで……と、私のお産まで治療を待ってくれるよう懇願し、孫が誕生した翌日に、自身の癌の治療の為に入院しました。当時はまだ母親になりたての初心者マーク付きだった私は、『なんで1日も早く入院して治療しなかったの⁉　1日でも2日でも癌が進行しちゃうじゃん……』と思いましたが、今なら母の気持ちはよく分かります。私も同じ立場なら主治医にきっと同じ事を言うと思います。自分の事は、なかなかそんな風には思えませんが、自分の母を想うと、母親ってスゴイ生き物だなぁと実感しますよね。

母の幸せ

そんな人生初のお産の前、最後に食べた食事が銀座マネケンのワッフルでした。定期検診で聖路加に通う帰り道に、毎回必ずと言っていい程立ち寄っていて、最後の検診の7月5日に「今夜あたりお産になると思いますよ」と言われ、「よし！　腹が減ってはお産は出来ぬ‼」とワッフルをナント5個も買って、車の中でムシャムシャと食べながら帰りました。そして、産後退院の際には、迎えに来てくれたマネージャーに頼んで、やっぱり帰りに銀座マネケンに寄って、ワッフルをいっぱい買って帰りました。今でもマネケンの前を通るたびに誰か一緒にいると、この事実を必ず話します。実は息子のみならず、娘の出産の時も同じくマネケンで買った5個のワッフルを食べながら帰り、家に着いて程なくして陣痛が始まり、聖路加に戻っていきました。本当に、私のお産には欠かせなかった一品なのです!! 先日、間もなく成人する娘とマネケンの前を通り、「お母さん、ここのワッフルを5個食べてお産に臨んだんだよ」と言うと「5個⁉」とちょっと引かれました(笑)。ハーゲンダッツのチェリーバニラと並んで〝お産の味〟マネケンのワッフルです!

さて、聖路加国際病院からスタートした私の母親人生。本当に沢山の出来事がありましたが、振り返ればあっという間に感じます。出産当初は限りなく湧き出る疑問や不安、これであってるのか⁉ の嵐でしたが、気付くと子供は育っていました。もう成人間近になった今でも、これで良かったのか⁉ あれは間違った選択ではなかったのか……?は尽きません。つい先日もキッチンで八朔《はっさく》を剝きながらフッと思ったのですが、果物の皮を剝いてあげる習慣は一体いつまでやってあげていいのだろう⁉ 止めるタイミングを逃したかも……と。

小さい頃はもちろん出来ませんから、リンゴもみかんもブドウも、いちごのヘタ取りまで、全て食べやすいようにして出していました。着がえやトイレやお風呂は自力で出来るようになると少しずつ手を出さないようにしてきましたが、果物だけは、家庭科で包丁の使い方を習っても何故かずっと、自分でやりなさい、とは言わず今でも私がせっせとやっています。もっと言うと、この10年は、私が仕事で家を留守にする事が多くなったので、子供達が食後にいつも果物を食べたがるのもあり、ほぼ毎日何かしらの果物が、皮を剝かれヘタを取られてお皿に盛られ、ラップをかけて冷蔵庫に入っています。どーぞ過保護な母と笑ってください（笑）。

でも思えば、小さい頃当たり前にやっていた事、なんならちょっと面倒臭いな、早く自分1人でやってくれ～と思っていたような事、例えばオッパイも抱っこも手をつないで歩く事もご飯を食べさせてあげる事も、何もかも今はもうしなくていい、と言うより出来ない、やったら可笑しい事ばかり。もう2度とやってあげられない（逆に介護で、やってもらう方⁉）と思うと急に寂しくてたまらない気持ちになっちゃうんですよね。早く1人でやってくれーって思ってたくせに。だから私は甘いバカ親かもしれないけど、今出来る事、やってあげられる事は、いつか出来なくなる日が来るまで（必ず来るとわかっているので）、迷わずやってあげよう、やってあげたい、なんならやらせて～!!! と、剝き終わってキレイにお皿に盛られた八朔にラップをかけながら、心で叫んでいます（笑）。こと、育児に関しては、やってもらう方より、やってあげる方が幸せは大きいのかもしれませんね（笑）。

STORY 20

スキーへGO!

子供達が小学校低学年の頃、雪の多い季節には、車で東京・練馬の大泉インターから関越自動車道に乗り、新潟県魚沼市の八海山《はっかいさん》スキー場へよく行っていました。私自身は、ほとんど出来るスポーツがない中で、スキーだけは大人になってから始めて、ボーゲンでビビリながらも、中の下のコースぐらいまでは行ける、まぁたいした事ない腕前なのですが、子供達と一緒に楽しめる唯一のスポーツでした。

幼馴染みの家族と多い時で4、5家族一緒に、車を何台も連ねて関越自動車道を走り、サービスエリアでトイレに行ったり、買い食いをしたり、のんびりと4～5時間かけて行く冬の大きなイベントの1つでした。

草津や軽井沢のスキー場も何度か行きましたが、八海山スキー場は少し遠めではありましたが、お天気が良いと山頂からの眺めが最高なのと、他より人が少なく、2時間ぐらいかけてゆっくり安全に滑れる緩やかなコースがあり、下手っぴな私や、幼い妹や弟達もみんなでその初級コースを滑り、上手になった上の子達は途中に何カ所かある中級コースやコブのある上級コースにチャレンジして、その様子を下でヒヤヒヤで見守ったり、とにかく全員一緒に楽しめるのが一番の魅力で、とても気に入っていました。

当時、夫は年中撮影が入っており、数日前にならないとハッキリとしたスケジュールが分からないので、それを待っているとお出かけの予定を全く立てられない事から、ほとんどお留守番（というか仕事）で、私がワゴン車をバリバリ運転して、スキー場をはじめどこへでも行っていました。息子、娘、そして自分、3人分のスキー板と靴、ウェアと子供達のヘルメットなど、ものすごい大荷物でしたが、レンタルする手間を考えたら持参した方がまだ楽でした。全くアウトドア派じゃないお母さんにとって、これは修行のようでした（笑）。が、幼馴染みのパパさん達がみんな親切にヘルプをしてくれて、本当に助かっていました。

一番初めは、子供達をゲレンデにあるキッズスキー教室に全員まとめて入れて、親達（私以外みなさんお上手で！）はリフトに乗ってコースに出て、スキー教室が終わると、超初級コースで子どもたちと一緒に滑ったり、下の子たちがまだスキー教室に入れない時は、順番で誰かが付き添ってソリ遊びをさせたり……なんとなくローテーションを組んで1日中子供達とゲレンデに居ました。今だったらきっと、寒いとか、面倒だとか言って、カフェやレストランで1人ビールを飲んで待っているに違いないのに（笑）……当時は全力で子供達を遊ばせていた、というか自分も全力で遊んでたんだなーと、今振り返るとそう思います。

2人の子供をスキーウェアに着替えさせ、自分も着替えてスノーブーツを履かせて、車でスキー場の駐車場に行きます。駐車場でキャリアから板を降ろし、履きにくくて歩きにくいスキー用のブーツにまた履き替えさせて、えっちらおっちら板とストックを持ってゲレンデに出ます。小さい頃は板とストックはいっぺんに両方持てないので、子供にはストックを持たせ、私が罰ゲームみたいに6本の板を抱えて、ホントに死にそうでした(笑)。仕事の時には、重たい楽器や荷物などは全部スタッフが運んでくれていたので、普段の行いを反省したもんですヨ。申し訳なかった、と(笑)。

罰ゲームから解放されて命からがらゲレンデに出ると、今度は子供達に板を履かせます。コレがまたスキーブーツの裏には雪がぎっしり詰まって、なかなか上手く板が履けないいんですが、ちゃんと履かないとケガの元なので、もう必死に雪を落として1人ずつなんとか板を履かせます。子供達は自分の板が装着完了するとすぐに動き出しちゃうもんで、親も大慌てで板を履きます。そして、事前に買っておいたリフト券で全員リフトに乗る頃にはもうクタクタでした(笑)。

そこから何時間もゲレンデに居たなんて、今ではとても考えられない体力です、ホントにそれ私か⁉　って思います。そして、まだまだ元気な子供達にナイターも滑りたい～なんて言い出された日には、泣きそうでした。時に体力のあるパパが付き合ってくれたり、時にもうお母さん達死にそうだから、お願い明日にして～と懇願してゲレンデを後にしたり。棒のような足を引きずって、またまた大量の板を持ち、なんとか車へ戻り、スノーブーツに履き替えさせ、自分もスキーブーツから解放された足の歓喜の叫びを感じながら運転し、ペンションに戻り、最後のお仕事、濡れたブーツや板、ゴーグルや手袋を全て乾燥室に持って行き、明日の為に干して、やっとやっと部屋に帰れます。もう倒れそうとはこの事です。

親たちはさっさと温泉にでも入って、ビールを飲みたい所ですが、子供達は部屋に着くと今度はトランプだ！　ゲームだ！　と遊びだし、「早くお風呂入って～（涙）」とお風呂に入れる親たちと、その間にお布団を敷く親たちと……。チームワーク良くチャッチャと動いて、やっと夕飯です。カンパーイ！　お疲れ様でした！　のビールの美味しい事と言ったら‼　本番で歌った後に飲むビールに勝るとも劣らない至福の味であった事を、鮮明に覚えています！　皆さん、読んでいるだけで疲れるでしょう⁉（笑）

あの頃の自分は、自分でも信じられないぐらい体力も気力もあったんだなーと思います。でもあの時やっといてよかった‼　だってもう体力的にも気力的にも二度と出来ない偉業ですからね。

年々子供達は上達し、しまいにはすっかり置いて行かれる状態で、子供達から「お母さん大丈夫!?」と心配されるありさまに。その頃には自分で着替えて履き替えて、板もストックも両方いっぺんに持てるようになり、お母さんの役目もどんどん減り、そうなると頑張れなくなるもので、気付けばカフェやレストランで窓からゲレンデを眺めながら、本を読んだり、ママ達とおしゃべりしたりと、本来の私の姿に戻っていったのでした(笑)。

私はここまで書いた話でもお分かりのように、ずっと東京育ちで田舎もないので、自然の中で思いっきり遊んだ経験がないままに大人になってしまいました。なので、子供達には、自然の中でたっぷり遊んで、自然を知っている大人になってほしいと思っていました。スキー以外でも子供達の幼少時代に少しでも多く自然を感じてもらうため、自然に触れるチャンスを求めて、色々なアクティビティーに参加していました。


大泉インターから関越自動車道に乗り、新潟県六日町(今の南魚沼市)へ。舞台はまたまた新潟です。

そのアクティビティーは友人の紹介で知ったのですが、「農業体験大学校」という体験教室で、1年を通して沢山のイベントがありました。イベントスタッフの長老が地元の若いスタッフに、伝統的な行事や、受け継いでいってほしい沢山の知識や技を教えながら、参加した子供達にもその全てを見せて一緒に学ばせるという素晴らしい企画でした。

まず、春には田植え体験。田んぼの一画に「農業体験大学校」という札が立てられていて、そこに参加した子供達と若いスタッフみんなで苗を植えていきます。「オタマジャクシさん、ごめんね……」と言いながら、素足で水田にジャブジャブ入り、1つ1つ丁寧に苗を等間隔に。最初の年は、3歳になるかならないかの下の娘がオタマジャクシが怖くて大泣きで、水田に入る事すら出来ませんでした。一方息子は半ズボンのポケットいっぱいに苗を詰め込み、ご機嫌で黙々と田植えを。イベントの最後には「一番頑張って苗を植えたで賞」を光栄にも受賞し、鼻高々でした。私はと言うと……当然大人なので何食わぬ顔で、泣きじゃくる娘を抱っこして、「お母さん抱っこしてるから田んぼに入れないのよ〜」なんて言っていましたが、内心は、娘に、号泣してくれてありがとう!! って気分でした。オタマジャクシだらけの水田に素足で入って苗を植えていくなんて……農家の方って、ホントすごい! 尊敬! 感謝! 息子もスゴイ!!!……と思っていました。当時長老が、水田をめぐる生態系の中でオタマジャクシが居ないとダメなんだよ……と、その存在の必要性を説明されていましたが……私も娘同様泣きたかったです（笑）。

そして夏になると、田んぼに稲の花が咲き、それを見にまた六日町に出かけました。夜になると、どこからか田んぼにやってくる沢山のホタルを子供達とみんなで見たのですが、大人の私も実は本物のホタルを目の前で見た事なんてありません！　初めての貴重な体験に大感動でした。子供達に負けないくらい興奮してホタルを眺めていると、ナント、ホタルが１匹、広げた息子の手のひらに留まったんです!!　それはそれは小さくて、お尻が丸く光っていて、本当にジブリの世界でした。水がキレイな所にホタルは来る、と言いますが、まだまだ純粋で心がキレイな幼い子供の手にホタルは留まったのかなぁ……なんて思ったり。次の日は近くの畑でイモ掘り。イモづる式という言葉の通りのおイモを見る事が出来ました。

　そして秋!!!　花が終わった田んぼに、たわわに実った稲が頭《こうべ》を垂れている様子は感動でした。長老にカマの使い方を習い、若いスタッフと一緒に稲を刈っていきます。ザクッと鈍い音がして、刈り取った稲を重ねて山にします。手に持った稲でおにぎり何個出来ると思う⁉　という質問に、これじゃとってもおにぎり１個分にもならないんだよ、と聞いて子供達は（親も!!）びっくり。ご飯を無駄に残さない子になったと信じたいです。

　そして、１日かけて全て刈り終わると、スタッフが数日間干してくれて、数週間後には、大事に育てたそのお米が精米されて家に届きました。稲に実ったもみ殻の付いた米粒の殻を手で一生懸命取って、中から出てきた白い米が普段食べてる白米だと学んできたので、袋にぎっしり入った白米は、いったいどれだけ沢山の稲でこの1袋のお米なんだろう……と、なんとなく満足げに息子は自分が作ったお米を眺めて嬉しそうにしていました。息子の学校は少人数制だったので、小さく丸めて「僕のお米」をおにぎりにしてラップで包み、クラスメイト全員に配り、時には米づくりについての研究発表をしていました。授業中に堂々とおにぎりを食べられた息子の研究発表はクラスで大好評だったようです（笑）。私達家族も勿論、お米が届いた日は、白米とお味噌汁だけで、お米の甘さを味わうようにしてご飯を頂きました。

そして、冬になると、何十センチも積もった雪で、かまくら体験です。長老の指導のもと、若いスタッフと子供達で大きなかまくらを作り上げ、中で火を焚いてお餅を焼いて食べたり。とにかく小さい子供は狭い所を出たり入ったりするのが大好きですからね。何度も出入りして喜んでいました。

他にも山菜を採りに山に入ったり、蕎麦《そば》打ち体験ではうどんに負けない太〜いお蕎麦を味わったり（笑）、今振り返っても、どの季節も美しく、発見があり、楽しい体験でした。

このように四季を通して素晴らしい体験をさせて頂いた農業体験大学校。今はもう無いと聞いてとても残念です。子供ばかりではなく付き添いの親達もみんな大感激だったと思います。あ、私事ですが……!!　実は私も冬の会で表彰されまして……!!　かまくら体験の夜、広間で夕食を食べている時、六日町は新潟ですから、日本酒が有名ですよね。おそらく付き添いの親達へのサービスで、八海山の利き酒大会がありました。吟醸、大吟醸、純米吟醸……並んだ5種類の日本酒の利き酒をして、なんと私パーフェクト！　全酒正解で優勝し、八海山の一升瓶を頂いて帰ったのでした!!　私の自慢の思い出です（笑）。

近年では、大泉インターから関越自動車道に乗るのは、群馬や新潟方面にライブに行く時、マネージャーの運転で走る時ぐらいです。スキー板やウェアなど、大荷物を積んで年に何度も走っていたのに、今じゃもうガッツないなぁー。あの頃の思い出がいかに貴重だったか、思い知らされます。全力で遊ぶのも人生において大切な事なのかもしれませんね。

子供達に感謝!!

STORY 21

大田区の幼児教室～小学校受験

秋も深まる十月や十一月の頃、街中でスーツ姿のご両親に手を引かれ、髪を整え正装した小さなお子さんを見ると『あ～小学校受験だなぁ～ガンバレ～』と胸がキューンとします。私は長男を自分の通った小学校に進学させたい一心で、大田区にある、とある幼児教室の門を叩き、結果、子供達2人とも小学校受験を経験させる事になりました。

近年では「お受験」なんて言われ、賛否両論、色々ですが、私自身、自分も5歳の時に受験をしたので、私にとっては特別な事という認識はありませんでした。自分で望んで試験を受けた訳ではなかったからこそ、後々両親に感謝しましたし、また、我が子にも同じような教育、学習の環境を与えてあげたいと思い、私がそうであったように、いつの日か子供達が感謝してくれる事を信じて、親の一存で小学校受験をさせました。

まだ幼稚園児の子供を連れて、懐かしの小学校へ行き「卒業生の奥居でーす」とか言って（当然、当時の先生も用務員のオジサンも誰一人居らっしゃいませんでしたが……笑）、走り回った校庭や、昆虫観察をした池を一緒に見に行った事もありました。我が子もその環境をとても気に入ったので、それならば！　と小受（小学校受験……略して小受と言います）の先輩ママに近所にある幼児教室を紹介してもらったのが始まりでした。

さて、5歳にも満たない子供がいったい何を勉強し、何を基準に点数を付けられ、何をもって合否が付けられるのか……小学校受験には、なかなか解りにくい部分も沢山ありますが、テストでは圧倒的に集中力が問われるものと、私は理解しました。

そして、行動観察では、グループに分かれて何かを作ったり、遊んだり、小学校という子供が最初に体験する小さな社会において、他人を尊重する事が出来るか、時に自分の意見をハッキリ言う事が出来るか、困っている友達に手を差し延べてあげる事が出来るか……などなど、人間の本質的な、とても大切な部分を見られていたように思います。

定番のテストは「お話の記憶」と言って、先生が読む、長～い物語を聞いて、その内容について質問されます。正直、コレ、子供の特殊能力ですヨ、大人は全くもって無理（笑）。5分ぐらいの長～い物語ですヨ。例えば……

今日は動物達の運動会です。桜が終わったどんぐり村では、どんぐり小学校のみんなが大ハリキリです。まず、最初の種目「かけっこ」です。

第1レーンはウサギ君、第2レーンはタヌキ君、第3レーンはカバ君、第4レーンは

サル君、第5レーンはゾウ君です。「いちについて、ヨーイドン!!」。みんな一斉に走り出しました。お友達の見守る中、トップを走るのはサル君です。ところがサル君は途中でおなかが空いてしまい、応援に来ていたシマウマ君の食べていた草のクッキーを分けてもらいモグモグ食べているうちにタヌキ君、ウサギ君に抜かれてしまいました。

4位につけていたカバ君は暑さのあまりお池で水あび。ゾウ君はのっそのっそと歩いています。結果、タヌキ君、ウサギ君は同率1位、3位は慌ててレースに戻ったサル君。

カバ君の水あびを気持ちよさそうだな~と横目で見ながらのっそのっそとゴールしたのが4位のゾウ君。水あびが終わってやっとゴールにたどり着いた5位のカバ君。それでもお友達から沢山の応援をもらい、大満足のカバ君でした。おしまい。

(実際はこの何倍もあるような物語を聞いた後に)

●どんぐり小学校の運動会はいつの季節のお話でしたか?

→答え　初夏（→桜が終わったどんぐり村では……から読み取る）

とか、

●かけっこのスタートの第２レーンは誰だったでしょう？

↓答え　タヌキ君（↓もうサルだかウサギだかタヌキだか……ゴチャゴチャですよね）

●応援に来ていたシマウマ君がモグモグ食べていたのはなんだったでしょう？

↓答え　草のクッキー（↓何のクッキーだったか……？）

ね、大人は全くもって覚えていられないですよね！　多分子供はこの物語の中に入り込んで場面を頭の中の映像として見ているんだろうなぁと想像します。これは明らかに特殊能力ですよね。あと、人の話を集中して聞く……これは大人でも出来ない人、ゴロゴロいますよねえ……（笑）。良いなぁと思うのが、この「お話の記憶」を通して日本の四季を学びます。例えば桜ときたら春、ひまわりだったら夏、コスモスなら秋、梅なら冬……といったように花で季節を覚えたり、これは良い教育ですよね。

あと、仲間同士を線で結びましょう……という問題もあって。例えば茶わんとしゃもじ、切手と葉書、おちょこととっくり（↑コレは冗談です笑）……生活していく上での常識的な学びはとても良いと思いました。それらを通して、日本の文化を知る、という点も良いと思いました。

あとは、数学的考えもありましたよ。

★サルが3匹仲良く遊んでいます。バナナが6本、木になっていました。ケンカをせずにみんなで分けるには、何本ずつ食べたらいいでしょう?

というような問題も。簡単な割り算ですよね。

これらは15年程前の内容ですが、こんな感じの問題を子供達はいつもお教室でやっていましたね。それに加えて、前記した集団行動観察があったり、体操がある学校もありますが、運動神経を測るものではなく行動観察に近く、指示された行動をちゃんと出来るか、または、前の子がやっている事をちゃんと見ているか……など、思えば子供の頃に身に着けておきたい要素ばかりな気もします。

気付くと私、小受コンサルタントじゃあるまいし、何を解説しているのでしょう⁉ 失礼致しました(笑)。で、本題に戻ると、私が子供達の小受で一番良かったと思う事は願書の記入です。この作業は、正直、親の最大の難関、最大の試練……もっと言うと地獄の願書書き……とも言えます(笑)。まず、15年前は消せるボールペンなどなかったので志望校で買ってきた願書を何枚もコピーして、内容を書きながらまとめていきます。そして、何回も何回も書き直しをして、よし! コレで完成!! となったら、まず鉛筆で薄～く下書き。万年筆で上から丁寧になぞり、翌日、完全に乾いたのを確認してから消しゴムで、そーっとそーっと下書きの鉛筆だけを消していきます。ひと晩経っているから大丈夫だろう～と勢いよく消しゴムを走らせ、シャーッと万年筆が滲んでしまい、台無し……（涙）。もう一度紺スーツを着て小学校へ出向き、願書を買いに行く所からやり直しをした事もあります。

そして、物理的な苦労ももちろんですが、何といっても大変だったのが、願書に記入する内容です。自分の名前を書く事すらやっとの5歳の子供の願書ですから、当然全て親が書きます。志願理由や、そこが宗教系の学校の場合、その教えについて問われたり（都内私立小学校はキリスト教系の学校が多くあります）、または、必ずある項目で「どのようなお子さんですか？」が、とにかく最大の難題です。だって5歳そこそこの我が子、短所は山程出てきても他人に胸を張って言える長所なんて……なかなか見当たらないもんですよね。虫を探すのが上手いとか、誰よりも早く自転車に乗れるようになった、とか、歯みがきを嫌がらない、とか、食事中イスにちゃんと座っていられるとか……そんな普通に考えたら「スゴいね～」「お利口さんネ～」と言ってあげられるぐらいの長所でも、とても願書を彩る我が子の特長にはなり得ない訳で……。もうネ、何カ月もかけて、我が子の長所を全力で探しましたよ（笑）。

結局、考えに考え抜いたあげく、例えば「好き嫌いがなく何でも食べる子供」＝「何事にも好奇心と興味を持ち、果敢にチャレンジする子供」とか、「補助輪なし自転車に乗れる」＝「コツコツと努力をし、目標を達成できる子供」、「電車が大好きでいつも乗っている」＝「社会のルールを守り、毎日の通学にも安全に電車を利用できる子供」などなど、小さな長所を何倍何十倍にもデフォルメして、我が子の特長として書き上げる……ちょっとこっぱずかしくなるぐらいに。あんなに我が子を褒めたのは思えば小受のあの願書が最初で最後かも……（笑）。

でも今振り返って考えると、あの必死で我が子の長所を探した時間は、私にとって決して無駄ではなく、そんな機会も、願書でもない限り、あのドタバタの子育ての毎日の中ではなかなか取りづらい貴重な良い時間であったと思います。なので、もし読者の皆様でお子様の小受を考えている方がいらっしゃったなら、私はオススメしますよ！

希望の小学校合格を目指して受験するお子さんと親御さんに、心からエールを贈ります。みんなガンバレ～!!

STORY 22

卒業～母の呼びかけ～

3月といえば卒業式、人生の区切りを沢山の人が迎える月ですね。

私の人生で記憶に残っている卒業式はたったの一度、小学校の卒業式です。前にも書きましたが、私の通っていた小学校は附属だったので、ほぼ全員中学校に上がります。中学校から新たな生徒が入って来るとはいえ、「別れ」や「旅立ち」といった雰囲気は全くなく、正直、私は小学校の6年間を非常に長く感じていたので、やっとこさ卒業だー!! って感じで、寂しさはみじんもなく、嬉しさでいっぱいの卒業式でした。その上、実は私は小学校の卒業式で歴代歌われてきた「ゴールめざして」という卒業生の歌の伴奏を、ピアノオーディションで勝ち取り、なんと本番で卒業生代表でピアノを弾くという、小学校生活最高に鼻高々な日でした。しかも!! その卒業式の様子は全て録音され、卒業生全員にLP盤で配られ、つまり私のレコードデビューは実は小6の卒業式! という事になる訳です。残念ながら失くしてしまいましたが(苦笑)。

演奏の内容については全く記憶にありませんが、ピアノの発表会でもそうだったように、間違えても何食わぬ顔でスルーするのは昔から得意な私でしたので、多分、多少のミスタッチなどはあったに違いありませんが、まあ、抜かりなく役目は果たしたと思われます。

中学の卒業式は……志望校に合格できずにふてくされていたので……出席した記憶すらありません。もしかしたらズル休みしたのかな？

高校の時は、もうプロとしてバンド活動を始めていて、卒業の頃には少しばかりバンド活動にも活気が出てきて、欠席の日数も増え、卒業式終了後に担任の先生に「奥居さん、卒業証書返却！」と言われて、出席日数が足りない分を、春休みに何日か通ったら晴れて卒業証書を渡します、と。何日か1人で卒業後も学校に行ったような……それもまたバンド活動で頭がいっぱいで、あまり覚えていません（苦笑）。こうして書いてみると、歌になるような情緒あふれる卒業の思い出は一つもありませんね……。それより子供達の卒業式の方が、自分が卒業するよりよっぽど感慨深いものがありました。


子供達の最初の卒業式は幼稚園。とにかく小さい3歳の子供が、決められた制服を着て、決められた時間に登園するなんて本当に大変な事。ってか親が大変（笑）。息子も娘も園に着いて活動着（近所の泥んこ幼稚園に入れたので毎日泥まみれになる為、登園したらまずお着替え。帰る前もまた制服に着替えて帰ってきました）に着替えるのが嫌だと泣いたり、理由もなく行きたくないと泣いたり……今考えると最初はゴチャゴチャ言わずちゃんと登園しただけでもう合格！　って感じでしたね。そんな子供達が、卒園式に並んで入場して、名前を呼ばれて証書をもらうなんて。本当にその姿に感動しましたし、周りの子供達も同じくで、ビービー泣いてた子や抱っこ～なんてごねていた子が立派になったもんだなーと、3年間の成長の大きさにポロポロと涙が出ました。

そしてこれは割と特殊なケースですが、私の場合、毎回結構な難関だったのが謝恩会。子供達というより、お母さん達のそれまで胸にしまっておいて下さった気持ちが、これで最後となると「なんかやってくれないかなー♡」ってな感じで溢れ出てくるんですね。気持ちは解らなくもないですが。幼稚園児はさすがに「M歌って～」っていう子もいないので（笑）、息子の時も、娘の時も、子供達の歌の伴奏や入場退場時のピアノ演奏をする、生音響係として働きました。

で、小学校になると、今度はまた、子供達も大きくなり、親の仕事を理解してくるのと、たまたま我が家の子供達が小学生の間に東日本大震災の復興支援活動（プリプリの再結成）があった事もあり、プリプリの記憶が色濃かった為か、この時は大難関でした。

まず、息子の卒業式。息子の小学校は、とても人数が少なく、授業中に全員が発表、発言が出来るクラス編成が特徴的で、それがとても気に入って選んだ学校でした。ですから卒業式でも校長先生の前で、1人ずつマイクに向かい将来の夢を語る1分程のスピーチがあり、これが本当に泣けました。泣けすぎて大変な事になりました。

まず、ニクい演出で、そのスピーチは必ず子供達が自分で考え、親には当日まで内緒にするという約束がありました。なので、自分の子が卒業式当日に、校長先生の前まで赤いカーペットの上を歩いていき、いったい何を語るのか、もう親達はドキドキな訳です。ちなみにこれはその小学校の名物企画でしたので、6年生になった瞬間から親たちはその日を楽しみにし、よく保護者同士での話題にも上がりました。兄姉を通わせていた親御さんは、「お兄ちゃんの時はね……」と、そのスピーチの様子を事細かに教えて下さって、みんな食い入るように話を聞く程注目の催し物だったのです。

それと同じぐらい名物企画だったのが卒業式での「親の呼びかけ」です。普通、呼びかけって生徒がやるもんですよね。ところがその学校では、在校生の後に、卒業生の親達による呼びかけがあったのです。それを知った瞬間から、嫌～な予感はしていました。マイクもなしで、体育館で行われる式典で大きな声でセリフを言わなきゃいけない訳で……。運よく(!?)夫は撮影中で、当日は、前日のお天気や、撮影の進み具合により出席できるか否か分からない状況だったので、呼びかけ隊は欠席出来ませんから、呼びかけメンバーから除外。私は息子の1度しかない小学校の卒業式、その姿をこの目に焼き付けて、そしてスピーチをこの胸に焼き付けたい一心で何があっても絶対出席。……予想通り、親の呼びかけの口火を切る、最初の一言「卒業生の皆さん!!」という大役に大抜擢。

理由は誰よりも声が通るし、力強い呼びかけが出来る!! ……まあ確かに誰よりも大きい声で歌ってますからね。シャウトなんてした日には迷惑なぐらい力強いでしょうし（笑）……。どう頑張っても断る理由はありませんでした。ただ、私は子供の事となるといきなり涙もろいタイプになってしまって、なんでもない普段の学校行事の中でも、ちょっと感動的なシーンがあると人目を気にせずオイオイ泣いてしまうので、唯一それが心配……まして
やスピーチの後だったりしたら……号泣かも……。

やっぱり、運悪く親の呼びかけは、子供達の1分間スピーチのすぐ後でした。

私は本当に自信がありませんでした。うまく言える自信じゃなくて、泣かずに叫べる自信がなかったのです。すると、今度は運よく夫が当日卒業式に来られる事が判明。私はすぐに状況を説明し、もし私が泣き崩れていたら私の代わりに「卒業生の皆さん!!」と叫んでくれと段取りました。夫は「えー嫌だよ。恥ずかしい（苦笑）」と言いましたが、普段、舞台で散々やってるでしょ、そんなのたまに学校に来るんだからそれぐらいやって!! と頼み、とにかく泣いてなければ予定通り私が言うから！ という事で決着しました。

さて当日。これは息子のプライバシーに関わるのでスピーチの内容については一切書き

ませんが、親バカですが、私は本当に、まだ12年しかない息子の人生で、記憶の中で一番立派に見えた瞬間だと感じました（今では22歳にもなる息子ですが、やはりあれに勝る瞬間は……ないかもしれません！）。滝のように涙が流れ、ハンカチで押さえて我慢しているのですが、泣くのを我慢すればする程、今度は鼻が詰まってきて、もう全員のスピーチが終わる頃には窒息死してしまいそうな状況で、このまま呼びかけをやったら、「卒業生の皆さん!!」が「卒業生どびださん!!」になっちゃう（汗）と思い、必死に呼吸を整えました。

しかし、容赦なくやってきたその瞬間、頑張ろう!!　と気持ちだけは奮い立たせましたが、どうやっても声になりませんでした。ほんの数秒、間が空いたと思います……私は隣の夫をつつきました。そして小言で「ムリ」と言いましたが、鼻が詰まっていたので夫には「ブリ」と聞こえたはずです。それを聞いた夫は、こりゃ本当に無理だと悟ったんでしょう。次の瞬間には、体育館中に鳴り響く大きな声で「卒業生の皆さん!!」と叫んでくれたのでした。何事もなかったかのように、と言うか、逆に夫が叫ぶというサプライズで、呼びかけは盛り上がったようにも思います。そんなこんなで、何とか卒業式を乗り切った私でしたが、その後には、謝恩会という最も大きな難関が待っていたのです。

人生最低の謝恩会

卒業式と言えば、セットで付いてくるのが謝恩会ですよね。親達が実行委員を務める謝恩会は大イベント、母親達の大イベントでもあるんですね。今回は、そんな息子の小学校の謝恩会のストーリーです。

まず息子はしゃべり出したのも、オシメが取れたのも早く、おませさんだったようで、思春期も早く、小6の時にはバリバリ反抗期で、今考えればピーク時だったような気がします。そんな息子が小学校を卒業。卒業式の最中は、親とは基本関わりませんから、先生や学校に対して反抗的な事は何もなかったのですが、謝恩会は親達によって開催されるイベントですから、当然「岸谷君ちのお母さん」には特別な期待が寄せられている事も分かっていました。小5の時にプリプリの再結成でしたから、まだ周りの温度は少し熱く、それも息子はたまらなく嫌だったんだと思います。

まず最初は、卒業式の準備が始まり、謝恩会の実行委員が決定してすぐ、役員の方から私の所へ、是非とも歌っては頂けないものか、と相談がありました。その頃の息子は、やれ「TVでミニスカートを着るな、僕の友だちが見てる」やれ「駅で大声で僕の名前を呼ぶな、みんなが振り向く」「参観日はなるべく来るな、友達がザワザワする」とプリプリの子供である事に激しく抵抗していたので、当然、謝恩会でお母さんが歌うなんて死ぬほど嫌だろうと予想が付きました。私は実行委員の方に「息子がＯＫなら喜んで」と答えました。

家に帰って息子に、「お母さんね、謝恩会で歌ってくれって頼まれたんだけど、どうしたらいい？」と質問してみました。すると息子は「僕の友達が誰もいない所でならいいよ」と言いました。「うーん……でもホテルのパーティー会場みたいな、ナントカの間みたいな所だろうし、別室という訳にはいかないかも……たとえ別室があったとしても息子の友達だけあちらへ移動してくださいって訳にもいかないよ……」と言うと、「じゃ先生と親達の前だけでやれば？」と言われました。翌日、私は実行委員の方に「息子に先生と親達の前でだけならＯＫと言われたんですが、自分や自分の友達の前で母親が歌うのはやっぱり抵抗があるみたいで……」と言うと、その方は張り切った口調で「じゃ、私が説得します！」とおっしゃって和やかに去って行かれました。せっかくなら子供達にも聞かせてあげたい、と言うのです。私はもう成り行きに任せる事にしました。

予想通り、実行委員の説得にホイホイとＯＫするはずなどない息子。実行委員の方達は多分もう会の進行の中にステージの時間を組み込んでいたのでしょう、簡単には引き下がらず、何やら周りがザワザワしてきました。「子供達の卒業を祝う会なのに、その主役の

2017年　仙台PITでの復興支援ライブ「The Unforgettable Day 3.11」

子供が嫌な思いをするなら諦めるべき」「みんなご縁でこうして6年間一緒に過ごしてきたんだから絶対歌って頂きたい！」、しまいには「え⁉ なんで歌うぐらいダメなの⁉ 楽しみにしてるのに」……誰が悪い訳でもなく、ただ息子が思春期真っただ中だった、ってだけだったんですが、しぶとく諦めない実行委員に息子はしまいに「お母さんが歌うんだったら僕は謝恩会に出席しない」と言ったそうです。最後の切り札を出した訳です。それにはさすがに誰も何も言い返す事が出来なかったのでしょう。結果、息子の謝恩会で私が歌う企画はなくなりました。

なんでそんなに嫌なの⁉ と思われる方も沢山いらっしゃるとは思いますが、普通に保護者の中の1人だった母親が、ある時突然プリプリに変身し、TVに出るわ、街にポスターは貼られるわ、友達はびっくりで、親達は大興奮となったら、普通の子供でも何がなんだか分からなくなっちゃいそうなのに、それに加えて思春期ど真ん中。本当に「やめてくれ～～っ」て気分だったに違いありません（笑）。

結果どうなったかと言うと、前編で書きました通り、私は子供達のスピーチで大号泣で、大切な呼びかけのお役目も果たせず夫が代理を。その後、顔も心も落ち着くのに相当な時間を要しました。そして、謝恩会の会場へと仲良しのママ達と移動したのですが……。皆さん、泣くのをガマンすると、しばらくしてから頭痛が襲ってくるって経験ありませんか⁉ ものすごくガマンしたせいか、その後の頭痛も二日酔いどころの痛みではなくて、もう病院に駆け込みたくなるような、ものすごい頭痛だったんです。

会場に着くとまずは卒業証書を手に、親と子供のツーショット（ご両親でいらしている方はスリーショットで）撮影会。カメラマンがセッティングして、出席番号順に次々と写真を撮っていくのです。記念の写真なので、それだけは頑張って撮らないと……。と痛みに耐えて並んでいると、息子が「写真ムリ」って言い出したんです。思春期の子供ってカメラを向けられるのを極端に嫌がる子が沢山居ますよね⁉ 我が子も全くそうで、しかも母親と並んで、みんなの注目を浴びながらニコッとなんて出来るもんか‼ とゾッとしたんでしょう（笑）。

しかしながら、やはりそうは言っても、一生に1度しかない大切な小学校卒業の記念写真。カメラマンも「写真ムリ」なんて許しません。後もつかえているし、否応なく息子はセッティングされた位置に立たされ、私は指定されたイスに座り、私と息子のツーショット写真はなんとか撮影されたのでした。

役目を終えた私は、どうしても痛みに耐えられず、体調不良で早退し、1人家で倒れ込むようにベッドに横たわり、「あ～息子の思春期のお陰で助かった……もしも謝恩会で歌う事になっていたらいったいどうなっていたのだろう……頭痛で歌えません……なんて言い訳で予定していたステージをキャンセルなんてあり得ないし、でもこの頭痛で歌うなんてどう考えてもムリ……」と密かに感謝したのでした（笑）。

後日送られてきた息子とのツーショット写真。「ムリ」って顔に書いてある仏頂面の息子と、頭痛に耐え忍んで1ミリも笑顔になれない複雑な顔つきの母親……。

22歳になる息子が先日、「ありゃないよなー（爆笑）」と酔った勢いで写真を見せてくれました。あまりに酷い自分の仏頂面に息子も笑っちゃって、どうやら携帯のアルバムに入れてあるようです（笑）。きっとこの先飲み会とかのネタにしてみんなで笑うんでしょうね。歴史に残る酷いツーショット写真でした（笑）。

今回はわが家のちょっと特殊な卒業式のマイストーリーをご紹介しました。楽しんでいただけましたか？

あ、娘の卒業式については、ずっと附属の小・中学校でしたし、特に思春期ピークというわけでもなかったので、とてもスムーズで、今回のエピソードに比べるとつまらないとも言えるぐらい問題のない卒業式ばかりでした。でも実は２０２３年、娘は高校を卒業します。それも、初めて自分で選んで進学したアメリカの高校の卒業式です。親元を離れて１人で必死に頑張った高校生活の卒業式！　コレはきっと大感動なのではないかと予想しています。もう、あんな頭痛はゴメンなので、今度は泣くのをガマンしないで、思いっきり号泣しようと思います（笑）。

STORY 23

空港

私事で恐縮ですが、2023年、下の娘が20歳になりました。息子は22歳。もうどちらも世間一般に言う〝大人〟です。ついこの間オギャーと生まれ、この世にこんな愛らしい生き物が居るのか!!! と驚きと幸せの中、新米母さんも必死に学び、沢山の事を子供達から教わりながら、気付くと20年が過ぎていました。このコラムでも、子供達が小さい頃のストーリーをいくつかご紹介させて頂きましたが、今回は割と最近のストーリーを1つ、書いてみようと思います。

この数年間で私の中のイメージがガラリと変わったのが、羽田空港です。若い頃、ドラマチックな遠距離恋愛に全くご縁がなかったので、羽田空港と言えば〝仕事〟のイメージ。ツアーで全国を回るのに飛行機で行くなら羽田。淡々とした仕事のイメージでした。それがこの数年、子供達が続々と留学を希望し、図らずも高校生でアメリカに行く事になり、私にとっての羽田空港は別ものになったのです。

でも、決して寂しい別れの場所なだけではないんですよ。子供達のお陰で、私もアメリカに行く理由が沢山出来て、年に何度も羽田からアメリカへ飛ぶようになりました。もうそんな時はウキウキが止まりません。数カ月ぶりに子供に会える嬉しさと、大大大好きなアメリカに大手を振って行ける喜び!!!　そんな幸せな気分を味わう事が出来るようにもなり、ちょっぴり子供達に感謝です！

しかしながら、子育てにおいて初めて直面した留学は、子供達本人は勿論、親にとっても未知の世界、本当に慣れるまで親も子も大変でした。そんな留学当初、私が何度となく打ちのめされたのも羽田空港です。

皆さんは出発ロビーでシクシクと泣きながら、見えなくなるまで誰かを見送る人の姿を目にした事はありませんか⁉　楽しそうに仲間に見送られて旅立つ人も居れば、不安そうに肩を落として旅立つ人も居る。笑顔で大きく手を振って送り出す人も居れば、静かに見守るように送り出す人も居る。いろんなストーリーがあるのが、空港ですよね。

そんな羽田空港のマイストーリー、始まりは息子が中学3年、15歳の頃の事です。小さい頃から英語が大の苦手だった息子が、突然、夏休みに短期で語学留学に行きたいと言い出しました。もう耳を疑いましたよ、本当に。それまで何度も、英語圏に娘（娘は反対に小さい頃から英語が大好き）と旅行に行く時に、一緒に行こうと誘いましたが、「英語が嫌だから」という理由で全く同行しなかった息子が……。その数カ月前に、アメリカへのホームステイに大喜びで出かける娘を「英語なうえに見ず知らずの他人の家に1人で泊まるなんて、アイツはどうかしている……」とまで言っていた息子が……。世の中、不思議な事もあるもんだなぁ……と思いながらも、せっかく英語を勉強しようという、小さく点火したばかりの炎を消してなるものか！　と大急ぎで学校を探し、5週間の短期留学に行かせる事にしました。

自分で言い出したわりに、いざ出発となると、「This is a pen」レベルの英語力の息子が1人で外国に行く訳ですから、そりゃ不安でいっぱいだったに違いありません。出発ロビーの手荷物検査場の前で、思春期真っ只中の普段はふてぶてしい息子が、不安を隠しきれていない様子を見て、私は「行ってらっしゃい」が精一杯でした。「気を付けてね」とか「頑張ってね」とか、色々言いたいセリフはあったのですが、もう胸がいっぱいになってしまってそれ以上は言えませんでした。息子はわざと目を逸らすように違う所を見ながら、1度も振り返る事なく出発しました。その後何度か、息子を送り出す場面に直面してきて、彼は不安な時、いつもわざとそっぽを向いて私と目を合わせないようにする事が分かりました。毎回そうでした。だから、この時も不安で不安でたまらなかったんだと思います。

そしてその胸の内が手に取るように分かるのと、小さかった息子が、どんな時もそばを離れなかった息子が、1人でまだ見ぬ新しい自分に挑戦しようとしていると思うと、もう泣けてきて泣けてきて……。今、書いているだけでウルウルしてます（笑）。

しかし、そんな泣ける送り出しをした甲斐あってか、5週間後、到着ロビーに現れた息子は、『あ！　何かを掴んで帰ってきたな』と一目で分かる顔つきでした。本当に嬉しかったです。結局、この体験がキッカケとなり、息子はアメリカに本格的に留学しました。この時点で、充分に泣ける「行ってらっしゃい」を経験したつもりの私でしたが、実は人生最大にキツい「行ってらっしゃい」はこの後すぐに訪れたのです。

5週間、語学学校に通ったとはいえ、まだ、日常生活ですら不自由なレベルの英語力の息子でしたが、右も左も分からないアメリカのハイスクールに行く事に。入学時には、私も一緒に渡米して学校まで送っていき、生まれて初めての寮生活をする準備を整え、そして息子を1人現地に残し、私は単身帰国しました。予想はしていましたよ、16年間ずっとそばに居た子と、初めて長期間離れる時が、どんなに辛いか……。でも現実のその時は、予想の5万倍ぐらい辛かったです……（涙）。体の一部をもぎ取られるというか……大ゲサですが、でも本当にそんな感じでした。ここで私が泣いたらいけない、息子が不安でいっぱいなのに、私が泣く訳にいかない……と必死で泣かないよう踏ん張りました。

私は前の晩、今生の別れとばかりに淋しさに耐えながら、息子が初めて親元を離れ1人で生活をするにあたりコレだけは守ってね、というこれまた暑苦しい約束事を手紙に書きました。次の日、学校まで一緒に行き、生活環境を整え、1人で空港に向かう私を見送る息子に、私は手紙を握らせ「じゃあね」とひとこと言うだけで本当にいっぱいいっぱいでした。

そして皆さんの予想通り、動き出したウーバーの中でダラダラに泣きました。空港に着いても、泣きながらチェックインして、泣きながら荷物を預けて、そして泣きながらラウンジに駆け込み、大学生の一気飲みみたいにシャンパンを飲み、少し酔いが回ると、悲しみが余計に爆発し、もう大号泣でした。ラウンジに居合わせた人達はきっと、人目も気にせずシャンパン片手に号泣するアジア人を、大層奇妙に思ったに違いありません（笑）。それ程ツライ別れの瞬間でした。でも空港って、それぞれのストーリーを背負って集まっている場所ですもんね。片手にシャンパンはなくとも、静かに悲しみに暮れていた人も、あの時きっと周りに居たのかも……と思います。

今となってはもう、見送りに行った羽田空港で、泣き崩れたりする事もなくなりましたが（笑）、時々出発ロビーで目頭を押さえている母親（であろう方）やずーっと手荷物検査の先を見つめている方を見かけると、あの時の自分と勝手に重ねて『分かります、分かります。ホント辛いですよね……』と心の中でつぶやいていたりします。沢山の人が笑顔も涙も落としていく、そんな場所なんですよね。羽田空港って。

EPILOGUE

未来～この東京で～

この本は、2021年6月から、東京新聞のウエブメディア「東京新聞ほっとWeb」(2022年4月に「ぐるり東京」に改称)の「東京MY STORY」コーナーで連載したものです。東京23区にちなんで23回、生粋の東京っ子の私の、街にまつわる思い出をつづって来ました。

この東京での色々な瞬間を、記憶の奥から引っ張り出してきて文字にするのは想像を遥かに上回る楽しい作業で、私にとって自分の半生、いや一応平均寿命まで生きるとするならば、およそ3分の2の人生を振り返る素晴らしい時間でした。

実は私は、断然アナログ人間なので(ここまで読んで下さっている方達にはもう認知されてますネ。笑)毎回、フリクションの(消せる)ボールペンで、下書きもなしに一気に5～6時間かけて一筆書きのようにストーリーを書きあげてきました。

連載スタッフがその原稿をタイプ打ちにして戻して下さって、またそれを読んで、勢い余って乱れた文章を整え、「て、に、を、は」のおかしな所を直し、全て反映して頂いた文章を再度チェックし、イメージと違う文章になってる所には赤を入れて、やっと完成。私がタイプ打ちすれば手間が省けるのですが。そしてやはり私はミュージシャンなので、とにかく大切にしてきたのは文章のリズムです。

一つのストーリーの中に、一定のリズムが流れている事を重視し、その上で、その瞬間瞬間の感情をいかに生々しく文章に盛り込めるかを考えながら、夢中で書いてきました。なので、ノロノロとタイプ打ち（←苦手なもので、笑）していたら、スピード感もなくなり、一定のリズムが崩れ、その感情表現すら違ったものになってしまいそうで、漏れなく毎回フリクションのボールペンで手書きをしてきました。

そして、翌日には、「なんか右腕が痛いなぁ……昨日なにか重いもの持ったかなぁ⁇」「あー‼ 原稿書いたからだぁ！」と、これまた漏れなく毎回、筋肉痛を伴う程のモーレツな勢いで書きつづってきたのです。皆さんも時に読んでいて息苦しかったり、疲れたりしませんでしたか⁉（笑）

しかしながら、私のここまでの人生、月並みですが健康に産んでもらった事、そしてその両親に愛情いっぱいで育ててもらった事を改めて感謝しました。そして与えてもらった豊かな学生時代。その後奈落の底に落っこちたかと思われた高校受験の挫折は、結果、最高にハッピーな音楽人生の初めの1ページとなり、充実した20代を過ごし、30代40代は、夫と最愛の子供達との生活。そして再び始めた音楽で、ただ今、戻り鰹のように丸々と太った音楽人生を楽しんでいる56歳の私。もちろん辛い事や悲しい出来事がなかった訳ではありませんが、トータルすると、とても幸せな人生だなぁと客観的に思いました。

この連載を始めてから、毎朝両親の仏壇にお茶とお水をお供えしてお線香を立てる時「幸せな人生をありがとう」と口にするようになりました。1編1編書く度に本当にそう思えたからです。

そんな私の人生の中でここ数年だんだん大きくなり、この後も多分、私の人生を構成する、重要な1つのパーツであり続けるであろう事が、チャリティーです。今まで触れてこなかったので、今回少し書いてみようと思います。

45歳の時に初めて行ったチャリティーが東日本大震災の復興支援活動です。勿論それ以前も、阪神・淡路大震災の後にチャリティーコンサートに参加するなど、人並みに『自分に何か出来る事があるなら是非参加します』という気持ちはありましたが、いつからか自分が自分の意志で、その活動に貢献したいと思うようになったのは、何故なんだろう……と、この数年考えていました。いったい、いつ、どうしてそんな気持ちが私の中に生まれたのだろう……？　と。

東日本大震災については、この連載でも触れましたが、あの日、6歳の、やっと通学にも慣れてきた小学1年生の娘が、電車の中で1人地震に遭い、私は駅の手前で停止していた電車の中を、娘の名前を大声で呼びながら探しました。駅に着くまでの間も、何度も大きな揺れが襲って来て、娘の乗っている電車が横転してはいないか、大きな柱や歩道が崩れ落ちてきてその下敷きになってはいないか……最悪のケースばかりが頭をよぎりました。

しかしながら、幸いな事に私は娘を見つけ出し、連れて帰る事が出来ましたが、帰宅途中、もしもこれが最悪の事態だったら……と想像して身を震わせ、口の中に味わった事のない渇きを感じました。きっと、極度の緊張とストレスによるものだと思いました。

その時、事無きを得た分、私は何かをしなければならない……と強く思ったのです。それが私の初めてのチャリティー活動です。

もう1つ、今後子供達が自立して生活してくれるようになったら、全力で支援したいと思っている活動があります。それは、病気の子供達の支援です。

実は今まであまり口外してきませんでしたが、私の息子は幼い頃、難病を患い、数年間治療をしてきました。免疫疾患で、難病手帳が出るような病気でした。

きっとどの母親もそうであるように、自分を責め、何故自分じゃなくてこの子が……と思って、本気で代わってあげたいと泣き、通院の度に絶望感で倒れそうな中、無邪気な息子の笑顔が余計に辛かった時期もありました。しかし、本当に有難い事に、息子は治験が終わったばかりの新薬が効き、ある時から回復に向かい、数年後に完治しました。罹るのも奇跡的な確率でしたが、治ったのも奇跡だったと私は思っています。その最後の診察の日、主治医から「もう病院は卒業だよ。調子が悪くなければ来なくていいよ」と言われた時の事を思い返すと、今も涙が溢れます。モノクロだった人生がパッとカラーに切り替わった感じでした。

最後の会計を終えて、何年も通ったその病院を後にする時、私は『いつか必ずこの今の気持ちを何かの形にして、病気に苦しむ子供達とその親の手助けになる事をしよう』と決心しました。

なので、私は今、病気に苦しむ子供達とその家族に、ほんの少しずつではありますが、出来る手助けを始めています。

この2つのストーリーはどちらの場合も同じで、崖っぷちの別れ道で、私はギリギリ最悪の道を回避する事が出来ました。でも、崖っぷちギリギリまで来ていたので、回避された最悪の道がいかなるものなのかイメージする事が出来ました。なので、ほんの少しの違いで、進んだ道が悲しくも最悪の道であった方達を想うと、回避出来た事に心から感謝するのと同時に、事なきを得ている現実に罪悪感に似た申し訳なさ、みたいな感情も抱いてしまうんですね。でもその感情は時間とともに形を変え、何かその方達の力になりたいという気持ちに変化していって、私は今、このように支援活動に貢献したいと思うようになったのだと気付きました。

とてもとても個人的な動機ですから、その支援の形はたとえ大きくなくても、満足する事が出来ます。そして凄く、心地好《よ》いです。

先日、カンボジアにボランティアに行った娘を見て、『この子は20歳前にして、アラフィフの私がやっと気付いたこの心地好さを、もう知っているのか⁉』と感心すると同時に、もしかしたら誰しも知ってる事だけれど、そのキッカケが見つからないだけなのかもしれないとも思いました。私にキッカケを与えてくれた子供達。本当に感謝しています。これからも自分のペースで、私を動かすその動機に正直に、出来る事を続けていきたいと思っています。それは私を、とても幸せな気持ちにしてくれます。

この東京ＭＹ ＳＴＯＲＹで書いてきた様々なエピソードを振り返ると、どうやら私はプラマイしても十分プラスの幸せな人生を過ごしてきました。きっとこの先も、まだまだ自分次第でいくらでも幸せを味わえるんだ！ と思うと、老いや衰えも何のその、欲張りに生きていこうと思います！

さて、最終回の次回は、そんな欲張りな私の、今の「夢」を書いてみようと思います。

未来～私の夢～

最終回の今回はこの先の人生、私の夢を皆さんにこっそりお話ししちゃおうと思います。

まず、私は50歳になった時に2つ新しい事を始めました。1つはプリプリを解散した時に、もう二度と女子バンドは組まないだろうと思ったのにも関わらず、性懲りもなくまた女子バンドを結成したのです（Ｕｎｌｏｃｋ ｔｈｅ ｇｉｒｌｓといいます！）

何故でしょうね……自分でもホントに不思議ですが、また女の子に囲まれてバンドがやりたくなっちゃったんですね。ローマは1日にして成らずと言いますが、バンドも1日にして成らず……で、今後60歳、70歳になってから始めては、もう気力も体力も、そして時間も足りないだろうと思い、50歳の節目の年に思い切って新たなバンドをスタートさせました。弾き語り、クラシック楽器やビッグバンドとコラボするコンサートもコンスタントにやっていますが、この女子バンドも並行して活動しています。やっぱりＲｏｃｋは私の人生になくてはならない物の1つです！　機会があったら読者の皆さんもぜひ観にいらして下さいね。

この連載で、読者の皆さんはご自身が思うよりずっと、私の事を、私のバックボーンを知ってしまった訳で（笑）、その上で聴く音楽はきっと合点がいくものであるはずです。何故なら音楽はやっぱり、そのアーティストの人間そのものだと、最近改めて思うからです。

そしてもう1つは英語。Ｅｎｇｌｉｓｈです！

子供達が次から次へと留学したいと言い出し、気付くと2人ともアメリカで寮生活を送る中で『こりゃ2人とも、都合の悪い事は私の前では英語で会話する事になるだろう……』と、その様子が手に取るように想像できたので、こりゃ困ったなぁと思っていた私に、人生で初めて、海外レコーディングのチャンスが舞い込んできたのです。ＬＡからプロデューサーをお迎えしてＮＹでレコーディング!!　その時、例えどんな稚拙な英語だとしても、私はプロデューサーとの会話は自分の言葉でしたいと思ったんです。通訳が入ってしまうと、間にひとつ壁が出来てしまうみたいで……。まぁデタラメな英語も十分壁になりますが（笑）、音楽という共通の言語があるじゃないか!!　とあの時は何故か強く思えて、レコーディングが決まってから実際の渡米までの半年余り、全力で英会話教室に通い、衰えてしまった脳ミソにイライラしながらも必死に勉強しました。すると、ほんの少しですが「上達」を自分自身で感じる事が出来たのです！

そうなればダイエットと同じで、成果が出ると俄然やる気になるのが人間です！　特に私は×3くらいでやる気が爆発するタイプなので、レコーディングが無事終わった後もやめる理由がない！　とそのまま英語の勉強を継続してきました。

もちろん途中ライブやレコーディングなどで頭に余裕がなくなり、長らくお休みしてしまった期間もありますが、でもでも英会話の動画チャンネルをBGMに流したり、ツアー中の新幹線移動の時間を使って宿題をやったりしながら、何とか英語の勉強を始めて今年で6年目。正直、学生の子供達の1年分の成長にすら及んでないのは確かですが、それでも頑張って子供の担任の先生と面談をしたり（しゃべれない子を教えるプロですから、デタラメな英語を聞くのもプロで、笑）。子供のクラスメイト（外国人）が遊びに来ても、とりあえず食事くらいは楽しく同席できるようになりました。アラフィフのオバサンが恥も外聞も捨てて懸命に英語をしゃべる姿を見て、子供達も「お母さん英語上手になったね」と褒《ほ》めてくれたり（笑）。

そんなこんなで多少英語にビビる事がなくなると、今度は外国人の友達が出来たんです!!　バイリンガルの友達と、その友人の外国人と一緒に食事に行ったり、ある外国人とは日本酒を通してとても仲良くなり、信頼関係が生まれ、まさかのアメリカのみならずヨーロッパにまで友人が！　今は便利なスマホのアプリがいっぱいあるので、連絡先を交換し合って英語で会話したり、クリスマスにはカードが送られてきたりします！

そうなると時々、英語で会話している自分に感激しちゃったりするんです！（笑）。だってだって、もしも英語を勉強していなかったら知り合う事もなかった海外の友人と、英語で心通じ合えている!!……。ここまでくると毎日の勉強が全く苦じゃなくなります。それどころか楽しくなります。

最近は、朝1日の食事の仕込みをしている時や、ぼんやり1人で昼ご飯を食べている時など、英会話のＹｏｕＴｕｂｅを流しっぱなしにして、『あー、こういう時はこんな言い方するんだー』とか聞き流しながらも、時々ちゃんと耳を傾けたり。とても優等生です!!(笑)。

さて、前置きが大変長くなりましたが（それももう皆さん慣れっこですネ。笑）、今の私の最大の夢は「アメリカに半年でも1年でも住む事」です。私は20代半ば、ＮＹに住みたいと本気で思った事がありました。なんか、ビビッときちゃったんですね。英語を習得して、ライブハウスやブロードウェイ、美術館やＢＡＲを転々と遊び歩き、小さなアパートに住んでセントラルパークを散歩する……そんな夢を、本気で想い描いていた事があったんです。

でも20代半ばと言えばプリプリ大全盛期で、当然5人いるメンバーの中のたった1人の憧れのＮＹ生活など、現実的な話として聞いてもらえる訳もなく、まぁ大人しく諦めたって事は、私自身も何がなんでもそうするんだ！　という強い意志……とまではいかなかったのだと思います。

それが近年、子供達が図らずも次から次へとアメリカへ留学し、それも2人とも東側。学校の休みに集合するのはやはりNYで、4、5年通ううちに、友人も沢山できて、ちょっとご縁があり、ホテルではなくアパートメントでの生活で自炊をし、スーパーや地下鉄も覚え……こうなったら20代の叶わなかった夢をもう一度‼ しかも、もう明日何が起こるか分からない『今』を生きているんだから、情熱のあるうちに夢もでっかく‼ と私の夢はどんどん成長していったのです。

あー、この連載史上最高に興奮しています！ 明日も右腕筋肉痛は確定です！

……という訳で今の私の最大の夢は、半年でも1年でもアメリカに住むこと！ です。

そして、2番目の夢は（欲張りですか⁉ 笑）親友と、何カ月もかけて世界1周旅行をする事です。まだまだ見てない景色や知らない文化が世界には沢山あります。せっかく生まれて来たのですから、なるべく全部を見て死にたいと思っています。一応60歳の還暦旅行がその世界1周になったらいいなぁ〜と夢膨らませて、それを人参にまだまだ仕事頑張ろう！ と親友と話しています。勿論その親友はこの本にも登場した、一緒に子育てをしながらオバンデレラを楽しんだ彼女です！

もしもこの2つの夢が叶った暁にはまた、コラムでその様子をご紹介出来たらいいなぁと思います。56年間生活してきたこの大好きな東京を飛び出して、世界を体験する、私の次のストーリーです！

それでは最後になりましたが、毎回楽しみにして下さった読者の皆様、どうもありがとうございました。皆様1人1人に1つずつある人生というストーリーが、時に感動的で、時にお腹を抱えて笑うぐらい楽しく、時に立ち止まる程の困難があったとしても、最後はハッピーエンドでありますように！ またどこかでお会いしましょう！

感謝を込めて。

2024年1月

岸谷 香

岸谷 香（きしたに かおり）

1996年5月31日、武道館公演をもってプリンセス プリンセスを解散。1996年結婚。1997年奥居香ソロとしてシングル「ハッピーマン」を発売し、ソロ活動をスタートさせた。2001年子供を授かったことをきっかけに岸谷香に改名。

2012年、東日本大震災復興支援の為、16年振りにプリンセス プリンセスを一年限定で再結成。2014年ソロの活動を本格的に新たにスタート。2015年6月24日シングル「DREAM」を発売、2016年5月、10年ぶりのオリジナルアルバム「PIECE of BRIGHT」リリース。「KAORI PARADISE」と題し、ひとり弾き語りライブを毎年実施。

2018年ガールズバンドプロジェクトを立ち上げ、ミニアルバム「Unlock the girls」をリリース。2019年3月豊洲PITにて東日本大震災復興支援ライブ「The Unforgettable days」を実施。

2020年2月には岸谷香感謝祭と題しゲストを迎えてのコラボライブを毎年実施。4月からはニッポン放送「オールナイトニッポンMUSIC10」のパーソナリティー（毎月第4水曜日）がスタート。

2021年2月ミニアルバム「Unlock the girls 3 -STAY BLUE-」をリリース。2022年5月からは3年ぶりになるバンドライブ55th SHOUT! ツアー、9月からはひとり弾き語りライブKAORI PARADISE2022、年末には総勢9名のビッグバンドを率いてのビルボードライブ公演を実施。

2023年2月「岸谷香感謝祭2023」、3月仙台PITにて「The Unforgettable days」を開催、6月には東京、大阪、名古屋にて初の2マンライブを実施。そして9月からは今年で8年目をむかえるKAORI PARADISE2023がスタート。11月にはKAORI KISHITANI LIVE TOUR 56th SHOUT! を自身のバンドUnlock the girlsで東京、大阪、名古屋、福岡の4公演を実施。

2024年は岸谷香デビュー40周年アニバーサリーイヤー。1月のビルボードライブ横浜、大阪、東京からスタート、そして2月の岸谷香感謝祭2024と続きアニバーサリーイヤーならではのライブを企画中。

岸谷 香の
東京 MY STORY

2024年 2月29日 第1刷発行

著　者　岸谷 香
発行者　岩岡千景
発行所　東京新聞
〒100-8505 東京都千代田区内幸町2-1-4
中日新聞東京本社
電話 ［編集］03-6910-2521
［営業］03-6910-2527
FAX 03-3595-4831

装丁・本文デザイン　中村 健（MO' BETTER DESIGN）

ヘアメイク　中込奈々

印刷・製本　株式会社シナノ パブリッシング プレス

JASRAC 出 2310330-301

978-4-8083-1096-7 C0095